insel taschenbuch 5060

Karl Kraus

Ich mische mich nicht gerne in meine Privatangelegenheiten

Originell, treffsicher und in höchstem Maße aggressiv – das sind die Attribute, mit denen sich die Aphorismen Karl Kraus' beschreiben lassen. Scharfsinnig und mit sprachlicher Raffinesse, oft witzig und immer unterhaltsam, nahm der Herausgeber und Autor der Zeitschrift *Die Fackel* im frühen 20. Jahrhundert die Gesellschaft kritisch und voller boshaften Spotts aufs Korn, und nichts und niemand war vor seiner spitzen Feder sicher: weder phrasendreschende Kollegen (»Es gibt Schriftsteller, die schon in zwanzig Seiten ausdrücken können, wozu ich manchmal sogar zwei Zeilen brauche.«) noch unfähige und/oder korrupte Vertreter des Staatsapparats (»Einen Brief absenden heißt in Österreich einen Brief aufgeben.«) oder anmaßende Psychoanalytiker (»Man kehrt nur dann vor fremder Bewußtseinsschwelle, wenn man's zuhause schmutzig hat.«), am wenigsten aber das von Machtstreben, Verlogenheit und sexueller Doppelmoral geprägte Bürgertum (»Es ist nicht Sitte, eine Frau zu heiraten, die vorher ein Verhältnis gehabt hat. Aber es ist Sitte, mit einer Frau ein Verhältnis zu haben, die vorher geheiratet hat.«).

Karl Kraus wurde am 28. April 1874 im nordböhmischen Gitschin im heutigen Tschechien als Sohn eines jüdischen Papierfabrikanten geboren. In Wien studierte er Jura, Philosophie und Germanistik, schloß das Studium jedoch nicht ab. Schon während der Studienzeit veröffentlichte er literaturkritische Beiträge u. a. in der Zeitschrift *Die Gesellschaft*, betätigte sich als Dramatiker, Lyriker und Vortragskünstler und hatte Kontakt zu Mitgliedern der Gruppe »Jung-Wien«, u. a. Arthur Schnitzler und Hugo von Hofmannsthal. 1899 gründete er die Zeitschrift *Die Fackel*. Sie war zeitlebens die wichtigste Veröffentlichungsplattform für seine kulturkritischen Beiträge. Er starb am 12. Juni 1936 in Wien.

Herausgeberin Christine M. Kaiser lebt als freie Lektorin und Autorin in Königslutter am Elm. www.cm-kaiser.de

# Karl Kraus
# Ich mische mich nicht gerne in meine Privatangelegenheiten

Ausgewählt von Christine M. Kaiser

Insel Verlag

Diese Textzusammenstellung erschien erstmals 2006 unter dem Titel *Karl Kraus für Boshafte* (it 3240) im Insel Verlag Frankfurt am Main und Leipzig.

Klimaneutral
Druckprodukt
ClimatePartner.com/14438-2110-1001

Erste Auflage 2024
insel taschenbuch 5060

Umschlaggestaltung: Rothfos & Gabler, Hamburg
Umschlagillustration: Tullio Pericoli/Agentur Margarethe Hubauer
Satz: Satz-Offizin Hümmer GmbH, Waldbüttelbrunn
Druck: CPI books GmbH, Leck
Printed in Germany
ISBN 978-3-458-68360-5

www.insel-verlag.de

# Inhalt

# Ich mische mich nicht gerne in meine Privatangelegenheiten

## Ich bin nicht für die Frauen, sondern gegen die Männer. [A 272]

Eine schöne Welt, in der die Männer die Erfüllung ihres Lieblingswunsches den Frauen zum Vorwurf machen! [A 192]

Wo sie hintrat, wuchs kein Gras, außer jenes, in das sie die Männer beißen ließ. [A 157]

Die Weiber haben wenigstens Toiletten. Aber womit dekken die Männer ihre Leere? [A 24]

Den Vorzug der Frau, immer erhören zu können, hat ihr die Natur durch den Nachteil des Mannes verrammelt. [A 17]

Die schlecht verdrängte Sexualität hat manchen Haushalt verwirrt; die gut verdrängte aber die Weltordnung. [A 189]

Die einen verführen und lassen sitzen; die andern heiraten und lassen liegen. Diese sind die Gewissenloseren. [A 35]

Das vom Mann verstoßene »Weibchen« rächt sich. Es ist eine Dame geworden und hat ein Männchen im Haus. [A 39]

Es kommt gewiß nicht bloß auf das Äußere einer Frau an. Auch die Dessous sind wichtig. [A 24]

Mancher rächt an einer Frau durch Gemeinheit, was er durch Torheit an ihr gesündigt hat. [A 35]

Das Gesetz enthält leider keine Bestimmung gegen die Männer, die ein unschuldiges junges Mädchen unter der Zusage der Verführung heiraten und wenn das Opfer eingewilligt hat, von nichts mehr wissen wollen. [A 35]

Der Philister berauscht sich an dem reinen Wein, den er dem Mädchen über seine Vermögensverhältnisse einschenkt. [A 158]

Gott nahm vom Weib die Rippe, baute aus ihr den Mann, blies ihm den lebendigen Odem aus und machte aus ihm einen Erdenkloß. [A 183]

Der »Verführer«, der sich rühmt, Frauen in die Geheimnisse der Liebe einzuweihen: Der Fremde, der auf dem Bahnhof ankommt und sich erbötig macht, dem Fremdenführer die Schönheiten der Stadt zu zeigen. [A 15]

Es heißt eine Frau prostituieren, wenn man sie dafür bezahlt, daß sie einem das Geld abnimmt. [A 185]

Ein Liebesverhältnis, das nicht ohne Folgen blieb. Er schenkte der Welt ein Werk. [A 21]

Der Philister verachtet die Frau, die sich von ihm hat lieben lassen. Wie gerne möchte man ihm recht geben, wenn man der Frau Schuld geben könnte! [A 40]

Der Lebemann steht unter dem Philister, weil er als Beteiligter die Frau dem unbeteiligten Philister zur Verachtung zutreibt. [A 320]

Er war so unvorsichtig, ihr vor jedem Schritt die Steine aus dem Weg zu räumen. Da holte er sich einen Fußtritt. [A 319]

Welche Wollust, sich mit einer Frau in das Prokrustesbett seiner Weltanschauung zu legen! [A 22]

Hüte dich vor den Frauen! Du kannst dir eine Weltanschauung holen, die dir das Mark zerfressen wird. [A 167]

Der Losgeher hat nichts zu verlieren. Der andere nähert sich einer Frau nicht, weil er einen ganzen Lebensinhalt, den er zitternd trägt, aus der Hand fallen lassen könnte. [A 37]

So erhaben kann sich nie ein wertvoller Mann über ein wertloses Weib dünken, wie ein wertloser Mann über ein wertvolles Weib. [A 37]

Die Weiber sind nie bei sich und wollen darum, daß auch die Männer nicht bei sich seien, sondern bei ihnen. [A 183]

Es ist nicht Sitte, eine Frau zu heiraten, die vorher ein Verhältnis gehabt hat. Aber es ist Sitte, mit einer Frau ein Verhältnis zu haben, die vorher geheiratet hat. [A 42]

Eine Dame scheint wohl wie die Sonne, darf aber mit ihr schon darum nicht verwechselt werden, weil sich die Sonne mit so vielen an einem Tage abgibt, während die Dame von Gott geschaffen ist, um einem einzigen Bankdirektor warm zu machen, womit sie auch alle Hände voll zu tun hat, so daß sie sich gar nichts anderes verlangt, indem sie weiß, daß es ihr so lange zugute kommt, bis sie kalt wird und bis auch der Bankdirektor das Bedürfnis fühlt, zur Sonne zu gehen, die sich mit so vielen an einem Tage abgibt, amen. [A 318]

Er ist bescheiden aus tieferen Gründen,
das Gegenteil hat er bei ihr nicht erkannt.
Um seine Zigarre anzuzünden,
entfacht er ihren Höllenbrand.
Das weitere, denkt er, wird sich finden,
so wie es sich seit jeher fand. [A 181]

Moralische Verantwortung ist das, was dem Mann fehlt, wenn er es von der Frau verlangt. [A 40]

Die bürgerliche Gesellschaft besteht aus zwei Arten von Männern, aus solchen, die sagen, irgendwo sei eine »Lasterhöhle« ausgehoben worden, und solchen, die bedauern, die Adresse zu spät erfahren zu haben. Die Einteilung hat den Vorzug, daß sie sich in einer und derselben Person vollzieht, weil nicht Gegensätze der Weltanschauung, sondern bloß Umstände und Rücksichten für die Wahl des Standpunktes maßgebend sind. Man würde aber fehlgehen, wenn man glauben wollte, daß die sittliche Entrüstung und die Begierde in übersichtlicher Weise nebeneinander gelagert sind; sie greifen vielmehr ineinander und sind unaufhörlich damit beschäftigt, ihre Kräfte gegenseitig zu steigern und ihr Objekt zu vergrößern.

[F 254-255, 19 f.]

Ich hörte einen angeheiterten deutschen Mann einem Mädchen, das in eine Seitengasse einbog, die humoristisch deklamierten Worte nachrufen: »Da geht sie hin, die Schanddirne!« Es ist nicht anzunehmen, daß je ein Gesetz zustandekommt, welches erlaubt, deutsche Männer niederzuschießen, die mit einem einzigen Wort den vollständigen Beweis ihrer Unnützlichkeit auf Erden erbracht haben. [A 59]

Man beobachte einmal, wie die anständigen Herren eine Frau grüßen, von der »man spricht«. In dem Gruß ist der abweisende Stolz der Gesellschaftsstütze mit der einverständlichen Kennerschaft des Markthelfers vereinigt. Für beides möchte man ihnen an die Gurgel fahren. [A 58]

Es empfiehlt sich, Herren, die das Angebot einer Zigarre mit dem Satz beantworten: »Ich sage nicht nein«, sofort totzuschlagen. Es könnte nämlich sonst der Fall eintreten, daß sie auf die Frage, wie ihnen eine Frau gefalle, die Antwort geben: »Ich bin kein Kostverächter«. [A 194]

Als die Wohnungsmieter erfahren hatten, daß die Hausbesitzerin eine Kupplerin sei, wollten sie alle kündigen. Sie blieben aber im Hause, als jene ihnen versicherte, daß sie ihr Geschäft verändert habe und nur mehr Wucher treibe. [A 191]

Die Moralisten sträuben sich noch immer dagegen, daß der Wert der Frau ihren Preis bestimme. Inzwischen bestimmt längst schon der Preis ihren Wert, und damit wird keine Moral fertig. [A 190]

Solange die Frauenrechtsbewegung besteht, sollten es sich die Männer wenigstens zur Pflicht machen, die Galanterie einzustellen. Man kann es heute gar nicht mehr riskieren, einer Frau auf der Straßenbahn Platz zu machen, weil man nie wissen kann, ob man sie nicht beleidigt und in ihren Ansprüchen auf den gleichen Anteil an den Unannehmlichkeiten des Daseins verkürzt. Dagegen sollte man sich gewöhnen, gegen die Feministen in jeder Weise ritterlich und zuvorkommend zu sein. [A 50 f.]

Das ist der ehrliche Erfolg der Frauenemanzipation, daß man dem Weib, welches sich dem Handwerk eines Journalisten gewachsen zeigt, heutzutag nicht mehr die verdiente Geringschätzung vorenthalten darf. [A 184]

Eine, die mit Vitriol umgeht, ist auch imstande, zur Tinte zu greifen. [A 31]

Wenn der Geist der Weiber in Betracht kommen soll, dann werden wir anfangen, uns für die Sinnlichkeit der Männer zu interessieren. Welch eine Aussicht! [A 51]

Die Frauen verlangen das aktive und das passive Wahlrecht. Daß sie das Recht haben sollen, jeden Mann zu wählen, und daß man ihnen keinen Vorwurf mehr mache, wenn sie sich von wem immer wählen lassen? Behüte der Himmel: Sie meinen es politisch! Aber auf so verzweifelte Gedanken sind sie von den Männern gebracht worden. Jetzt wird diesen nichts anderes übrig bleiben, als von der Regierung zu verlangen, daß ihnen endlich die Menstruation bewilligt werde. [A 50]

Das Virginitätsideal ist das Ideal jener, die entjungfern wollen. [A 41]

Sie ist mit einer Lüge in die Ehe getreten. Sie war eine Jungfrau und hat es ihm nicht gesagt! [A 157]

Als normal gilt, die Virginität im allgemeinen zu heiligen und im besondern nach ihrer Zerstörung zu lechzen. [A 27]

Wenn einer keine Jungfrau bekommen hat, ist er ein gefallener Mann, er ist fürs ganze Leben ruiniert und hat mindestens Anspruch auf Alimente. [A 271]

Ein sonderbarer Ehrgeiz, einem Mädchen der erste zu sein. Und gerade das nennt sich Genießer und behandelt eine Frau wie einen beliebigen Labetrunk. Daß auch

Frauen Durst haben, wollen sie nicht gelten lassen. Aber jedenfalls würde ich mir die Flasche von einem Küfer öffnen lassen und dann erst trinken. [F 259-260, 42]

»Ich mag kein Beefsteak, von dem schon ein anderer gekostet hat!«, sagte ein starker Esser der Liebe. Und ward ein Bissen für eine starke Esserin. [F 198, 2]

In der Liebe kommt es nur darauf an, daß man nicht dümmer erscheint, als man gemacht wird. [A 36]

Daß Titania auch einen Esel herzen kann, wollen die Oberone nie verstehen, weil sie dank einer geringern Geschlechtlichkeit nicht imstande wären, eine Eselin zu herzen. Dafür werden sie in der Liebe selbst zu Eseln.

[A 18]

Der Mann bildet sich ein, daß er ein Weib ausfülle. Aber er ist nur ein Lückenbüßer. [A 313]

*Distichon der Geschlechter*

Klein ist der Mann, den ein Weib ausfüllt, doch er kann dadurch wachsen.
Größer geworden, hat er keinen Raum mehr für sie.

[A 188]

Ein perverser Kopf kann an der Frau gutmachen, was zehn gesunde Leiber an ihr nicht gesündigt haben.

[A 314]

Hundert Männer werden ihrer Armut inne vor einem Weib, das reich wird durch Verschwendung. [A 16]

Auch geistige und sittliche Qualitäten des Weibes vermögen die wertlose Geschlechtlichkeit des Mannes anzuregen. Es kann kompromittierend sein, sich mit einer anständigen Frau auf der Straße zu zeigen; aber es grenzt geradezu an Exhibitionismus, mit einem jungen Mädchen ein Gespräch über Literatur zu führen. [A 16]

Die Begierde des Mannes ist nichts, was der Betrachtung lohnt. Wenn sie aber ohne Richtung läuft und das Ziel erst sucht, so ist sie wahrlich ein Greuel vor der Natur. [A 16]

An dem deutschen Kaffee habe ich eine übertriebene Nachgiebigkeit gegenüber der Milch beobachtet. Er erbleicht, wenn sie nur in seine Nähe kommt. Das könnte auch ein Bild von der Beziehung der Geschlechter in diesem Lande sein. [A 141]

Das eben ist der Unterschied der Geschlechter, die Männer fallen nicht immer auf einen kleinen Mund herein, aber die Weiber immer auf eine große Nase. [A 29]

Persönlichkeit des Weibes ist die durch Unbewußtheit geadelte Wesenlosigkeit. [A 13]

Den Inhalt einer Frau erfaßt man bald. Aber bis man zur Oberfläche vordringt! [A 14]

Weiber sind Grenzfälle. [A 183]

Nichts ist unergründlicher als die Oberflächlichkeit des Weibes. [A 14]

Ist eine Frau im Zimmer, ehe einer eintritt, der sie sieht? Gibt es das Weib an sich? [A 14]

Die Frau braucht in Freud und Leid, außen und innen, in jeder Lage, den Spiegel. [A 14]

Der Spiegel dient bloß der Eitelkeit des Mannes; die Frau braucht ihn, um sich ihrer Persönlichkeit zu versichern. [A 14]

Ein Weib ohne Spiegel und ein Mann ohne Selbstbewußtsein – wie sollten die sich durch die Welt schlagen? [A 34]

Eine Frau, die nicht häßlich sein kann, ist nicht schön. [A 23]

Kosmetik ist die Lehre vom Kosmos des Weibes. [A 24]

Es gibt Frauen, die nicht schön sind, sondern nur so aussehen. [A 24]

Zur Vollkommenheit fehlte ihr nur ein Mangel. [A 23]

Eine Frau muß so gescheit aussehen, daß ihre Dummheit eine angenehme Überraschung bedeutet. [A 318]

Nur ein Mann sollte sich unglückliche Liebe zu Herzen nehmen. Eine Frau sieht dabei so schlecht aus, daß ihr Unglück in der Liebe begreiflich wird. [A 34]

Die schöne Frau hat so viel Verstand mitbekommen, daß man alles zu ihr und nichts mit ihr sprechen kann. [A 20]

Wenn eine Frau Gescheitheiten sagt, so sage sie sie mit verhülltem Haupt. Aber selbst dann ist das Schweigen eines schönen Antlitzes noch anregender. [A 20]

Die Frauen sind die besten, mit denen man am wenigsten spricht. [A 20]

Ich stehe immer unter dem starken Eindruck dessen, was ich von einer Frau denke. [A 22]

Eine Frau soll nicht einmal meiner Meinung sein, geschweige denn ihrer. [A 317]

Das durchschnittliche Weib ist für den Kampf ums Dasein hinlänglich ausgerüstet. Mit der Fähigkeit, nicht empfinden zu müssen, hat es die Natur für die Unfähigkeit, zu denken, reich entschädigt. [A 20]

Die geniale Fähigkeit des Weibes, zu vergessen, ist etwas anderes als das Talent der Dame, sich nicht erinnern zu können. [A 16]

Die Augen der Frau sollen nicht ihre, sondern meine Gedanken spiegeln. [A 184]

Die Vergeßlichkeit der Frauen wird manchmal von der Diskretion der Männer erschüttert. [A 183]

Die Frau ist da, damit der Mann durch sie klug werde. Er wird es nicht, wenn er aus ihr nicht klug werden kann. Oder wenn sie zu klug ist. [A 21]

Der Kopf des Weibes ist bloß der Polster, auf dem ein Kopf ausruht. [A 188]

Die gebildete Frau ist unaufhörlich mit dem Vorsatz befaßt keinen Geschlechtsverkehr einzugehen, und ist auch imstande, ihn, nämlich den Vorsatz, auszuführen.

Der gebildete Mann ist nie mit dem Vorsatz befaßt, keinen Gedanken zu haben, sondern es gelingt ihm, ehe er sich dazu entschließt. [A 317]

Wenn eine Frau ein Genie ist, dann ist sie es höchstens die paar Tage, die eine Frau dafür büßt, daß sie ein Weib ist. All die andere Zeit aber dürfte sie dafür büßen, daß sie ein Weib und ein Genie ist. [A 308]

Man kann eine Frau nicht hoch genug überschätzen. [A 320]

Der Sklave! Sie macht mit ihm rein was er will. [A 316]

Weibeslust liegt neben der männlichen wie ein Epos neben einem Epigramm. [A 181]

Tragische Sendung der Natur! Warum ist diese lange Lust des Weibes nicht feststellbar wie der männliche Augenblick! [A 313]

Perversität ist die haushälterische Fähigkeit, die Frauen auch in den Pausen genießbar zu finden, zu denen sie die männliche Norm verurteilt hat. [A 313]

Die Lust des Mannes wäre nur ein gottloser Zeitvertreib und nie erschaffen worden, wenn sie nicht das Zubehör der weiblichen Lust wäre. Die Umkehrung dieses Verhältnisses zu einer Ordnung, in der sich eine ärmliche Pointe als Hauptsache aufspielt und nachdem sie verpufft ist, das reiche Epos der Natur tyrannisch abbricht, bedeutet den Weltuntergang: auch wenn ihn die Welt bei technischer, intellektueller und sportlicher Entschädigung durch ein paar Generationen nicht spürt und nicht mehr Phantasie genug hat, sich ihn vorzustellen. [A 305]

Der Zustand der Geschlechter ist so beschämend wie das Resultat der einzelnen Liebeshandlung: Die Frau hat weniger an Lust gewonnen, als der Mann an Kraft verloren hat. Hier ist Differenz statt Summe. Ein schnödes Minus, froh, sich in Sicherheit zu bringen, macht aus einem Plus ein Minus. Hier ist der wahre Betrug. Denn nichts paßt zu einer Lust, die erst beginnt, schlechter als eine Kraft, die schon zu Ende ist; keine Situation, in der Menschen zu einander geraten können, ist erbarmungsloser und keine erbarmungswürdiger. In dieser Lücke wohnt die ganze Krankheit der Welt. Eine soziale Ordnung, die das nicht erkennt und sich nicht entschließt, das Maß der Freiheit zu vertauschen, hat die Menschheit preisgegeben.

[A 313]

Sie verkürzen sich die Zeit mit Kopfrechnen: er zieht die Wurzel aus ihrer Sinnlichkeit und sie erhebt ihn zur Potenz. [A 29]

Für den Nachteil des Mannes, nicht immer erhören zu können, wurde er mit der Feinfühligkeit entschädigt, die Unvollkommenheit der Natur in jedem Falle als eine persönliche Schuld zu empfinden. [A 17]

Die männliche Überlegenheit im Liebeshandel ist ein armseliger Vorteil, durch den man nichts gewinnt und nur der weiblichen Natur Gewalt antut. Man sollte sich von jeder Frau in die Geheimnisse des Geschlechtslebens einführen lassen. [A 15]

Der Mann hat den Wildstrom weiblicher Sinnlichkeit kanalisiert. Nun überschwemmt er nicht mehr das Land. Aber er befruchtet es auch nicht mehr. [A 39]

Der christliche Tierpark: Eine gezähmte Löwin sitzt im Käfig. Viele Löwen stehen draußen und blicken mit Interesse hinein. Ihre Neugierde wächst an dem Widerstand der Gitterstäbe. Schließlich zerbrechen sie sie. Händeringend flüchten die Wärter. [A 53]

Die Gründer der Normen haben das Verhältnis der Geschlechter verkehrt: sie haben das Geschlecht des Weibes in die Konvention geschnürt und das männliche entfesselt. So ist die Anmut vertrocknet und der Geist. Es gibt noch Sinnlichkeit in der Welt; aber sie ist nicht mehr die triumphierende Entfaltung einer Wesenheit, sondern die erbärmliche Entartung einer Funktion. [A 39]

Man muß endlich wieder dahin kommen, daß man nicht mehr an der Krankheit, sondern an der Gesundheit einer Frau zugrunde geht. [A 37]

Es ist ein schmerzliches Erlebnis, zu sehen, wie eine lebensfähige Frau ihren faulen Frieden mit der Welt macht: Sie verzichtet auf ihre Persönlichkeit und bekommt dafür die Galanterien zugestanden. [F 259-260, 42]

Es ist gut, daß es der Gesellschaft, die daran ist, die weibliche Lust trocken zu legen, zuerst mit der männlichen Phantasie gelingt. Sie wäre sonst durch die Vorstellung ihres Endes behindert. [A 305]

Enthaltsamkeit rächt sich immer. Bei dem einen erzeugt sie Pusteln, beim andern Sexualgesetze. [A 44]

Erröten, Herzklopfen, schlechtes Gewissen – das kommt davon, wenn man nicht gesündigt hat. [A 315]

Sie hatte so viel Schamgefühl, daß sie errötete, wenn man sie bei keiner Sünde ertappte. [A 30]

Auch die Keuschheit würde lieber zugeben, dich vor zwei Jahren erhört als vor zwanzig abgewiesen zu haben.

[A 182]

Bei manchem Frauenzimmer kommt die Entrüstung vor der Zumutung. Wie ungalant, diese nicht einmal nachzuholen! [A 182]

Es gibt Weiber, die so stolz sind, daß sie sich nicht einmal durch Verachtung zu einem Manne hingezogen fühlen.

[A 319]

Mit dem Teufel Bekanntschaft machen, ohne in der Hölle zu braten, das paßte so mancher. [A 182]

Viele Frauen möchten mit Männern träumen, ohne mit ihnen zu schlafen. Man mache sie auf das Unmögliche dieses Vorhabens nachdrücklich aufmerksam. [A 32]

Sie sagte sich: Mit ihm schlafen, ja – aber nur keine Intimität! [A 19]

Wenn die Sinne der Frau schweigen, verlangt sie den Mann im Mond. [A 14]

Die weibliche Orthographie schreibt noch immer »genus« mit zwei und »Genuss« mit einem »s«. [A 14]

Ich vertraue nur jener, die den Genuß nicht allemal mit seelischer Empfängnis büßt und die jedes Erlebnis in der Wanne des Vergessens abspült. [A 19]

Ein Weib ist manchmal ein ganz brauchbares Surrogat für die Selbstbefriedigung. Freilich gehört ein Übermaß von Phantasie dazu. [A 33]

Da das Halten wilder Tiere gesetzlich verboten ist, und die Haustiere mir kein Vergnügen machen, so bleibe ich lieber unverheiratet. [A 33]

Aber ein so besonderes Vergnügen ist die Enthaltung vom Weibe auch nicht, das muß ich schon sagen. [A 34]

Weiber sind oft ein Hindernis für sexuelle Befriedigung, aber als solches erotisch verwertbar. [A 33]

Nietzsche soll gesagt haben: »Weiber werden aus Liebe ganz zu dem, als was sie in der Vorstellung der Männer, von denen sie geliebt werden, leben.« Aber da möchte ich mich doch lieber auf die Vorstellung verlassen.

[A 317]

Wenn ein Weib einen Mann warten läßt, und er nimmt mit einer andern vorlieb, so ist er ein Tier. Wenn ein Mann ein Weib warten läßt, und sie nimmt mit keinem andern vorlieb, so ist sie eine Hysterikerin. Phallus ex machina – der Erlöser. [A 16]

Die Menschheit ist im Mittelalter hysterisch geworden, weil sie die sexuellen Eindrücke ihrer griechischen Jugendzeit schlecht verdrängt hat. [A 54]

Die Hysterie der Weiber gleicht dem Schimmel, der sich auf Dinge legt, die lange in feuchtem Raum eingesperrt waren: man ist leicht geneigt, ihn für Schnee zu halten.

[A 182]

Hysterie ist die geronnene Milch der Mutterschaft.

[A 55]

Sinnlichkeit weiß nichts von dem, was sie getan hat. Hysterie erinnert sich an alles, was sie nicht getan hat.

[A 318]

Hysterie ist der legitime Rest, der vom Weibe bleibt, nachdem männliche Lust ihre Deckung gefunden hat.

[A 181]

Wohltätige Frauen sind oft solche, denen es nicht mehr gegeben ist, wohlzutun. [A 31]

Wohltätige Frauen stellen eine bestimmte und besonders gefährliche Form übertragener Sexualität dar: die Samaritiasis. [A 31]

Das eheliche Schlafzimmer ist das Zusammenleben von Roheit und Martyrium. [A 315]

Vieles, was bei Tisch geschmacklos ist, ist im Bett eine Würze. Und umgekehrt. Die meisten Verbindungen sind darum so unglücklich, weil diese Trennung von Tisch und Bett nicht vorgenommen wird. [A 315]

Die Sexualität der Frau besiegt alle Hemmungen der Sinne, überwindet jedes Ekelgefühl. Manche Gattin würde sich mit der Trennung vom Tisch begnügen. [A 17]

Wie unwesentlich und ungegenwärtig dem Mann das Geschlechtliche ist, zeigt sich darin, daß selbst die Eifersüchtigen ihre Frauen auf Maskenbällen sich frei bewegen lassen. Sie haben vergessen, wieviel sie sich ehedem mit den Frauen anderer dort erlauben konnten, und glauben, daß seit ihrer Verheiratung die allgemeine Lizenz aufgehoben sei. Ihrer Eifersucht opfern sie durch ihre Anwesenheit. Daß diese ein Sporn ist und kein Zügel, sehen sie nicht. Keine eifersüchtige Frau würde ihren Mann auf die Redoute gehen lassen. [A 19 f.]

Eine Frau muß wenigstens so geschickt kokettieren können, daß der Gatte es merkt. Sonst hat er gar nichts davon. [A 36]

Man muß das Temperament einer Schönen so halten, daß sich Laune nie als Falte festlegen kann. Das sind Geheimnisse der seelischen Kosmetik, deren Anwendung die Eifersucht verbietet. [A 15]

Eifersucht ist ein Hundegebell, das die Diebe anlockt. [A 185]

*Eifersucht*

Wie er sie selbst in seine Arme nahm
und keinen Grund zur Eifersucht nun hatte,
ihn nichts so sehr wie diese überkam:

das war die Sicherheit, er sei der Gatte.
Und weit und breit war keine andre Seele.
In solchem Zweifelsfalle fand er Rat:
und so ertappt' er sich auf frischer Tat
und packte sich bei seiner eignen Kehle.

[F 691-696, 20]

Er war so eifersüchtig, daß er die Qualen des Mannes empfand, den er betrog, und der Frau an die Gurgel fuhr.

[A 37]

Die Frau spürt die Schmerzen nicht, die der Mann ihr zufügt. Der Mann sogar die. [A 37]

Die wahre Eifersucht will nicht nur Treue, sondern den Beweis der Treue als eines vorstellbaren Zustands. Dem Eifersüchtigen genügt nicht, daß die Geliebte nicht untreu ist. Eben das, was sie nicht tut, läßt ihn nicht zur Ruhe kommen. Da es aber für Unterlassung keinen Beweis gibt und der Eifersüchtige auf einen Beweis dringt, so nimmt er schließlich auch mit dem Beweis der Untreue vorlieb. [A 316]

Eifersüchtige sind Wucherer, die vom eigenen Pfund die höchsten Zinsen nehmen. [A 316]

Nur der liebt eine Frau wahrhaft, der auch eine Beziehung zu ihren Liebhabern gewinnt. Im Anfang bildet das immer die größte Sorge. Aber man gewöhnt sich an alles, und es kommt die Zeit, wo man eifersüchtig wird und es nicht verträgt, daß ein Liebhaber untreu wird. [A 36]

Das Vollweib betrügt, um zu genießen. Das andere genießt um zu betrügen. [A 30]

Eine Frau wird doch nicht so viel Rücksicht auf die Gesellschaft nehmen, daß sie den Ehebruch immer begeht, den ihr die Leute nachsagen? [A 42]

Es geht nichts über die Treue einer Frau, die in allen Lagen an der Überzeugung festhält, daß sie ihren Mann nicht betrüge. [A 34]

Man kann eine Frau wohl in flagranti ertappen, aber sie wird noch immer Zeit genug haben, es in Abrede zu stellen. [A 34]

Es müssen nicht immer Vorzüge des männlichen Charakters oder Geistes sein, was die Frauen zur Untreue veranlaßt. Was betrogen wird, ist vor allem die Lächerlichkeit der offiziellen Stellung, die der Besitzer einnimmt. Und dagegen bieten selbst körperliche Vorzüge nicht immer einen Schutz. [A 36]

Wie wenig Verlaß ist auf eine Frau, die sich auf einer Treue ertappen läßt! Sie ist heute dir, morgen einem andern treu. [A 19]

Weil beim Mann auf Genuß Verdruß folgen muß, muß folgen, daß beim Weib auf Treue Reue folgt. [A 181]

Es gibt Männer, die man mit jeder Frau betrügen könnte. [A 185]

Die Unsittlichkeit der Maitresse besteht in der Treue gegen den Besitzer. [A 46]

Die Maitresse verbüßt die Freiheit in Einzelhaft. [A 46]

Er wollte seine Geliebte zur Freiheit verurteilen. Das lassen sie sich schon gar nicht gefallen. [A 35]

Das Weib läßt sich keinen Beschützer gefallen, der nicht zugleich eine Gefahr ist. [A 319]

Man gewöhne sich daran, die Frauen in solche zu unterscheiden, die schon bewußtlos sind, und solche, die erst dazu gemacht werden müssen. Jene stehen höher und gebieten dem Gedanken. Diese sind interessanter und dienen der Lust. Dort ist die Liebe Andacht und Opfer; hier Sieg und Beute. [A 21]

Die Erotik des Mannes ist die Sexualität des Weibes. [A 15]

*Der Erotiker*

Fiel ihm ein Liebesglück in seinen Schoß,
so war er im Erlebnis gar nicht tüchtig;
und nie genoß er es in vollen Zügen,
wenn es gelang, den Gatten zu betrügen.
Der Glückliche, er war ja ahnungslos –
dagegen jener für ihn eifersüchtig.

Oft hat er, wenn sonst alles hätt' geklappt,
die Frau beim Ehebruch mit sich ertappt,

und den Beweis hielt er in seinen Armen.
Hier half kein Leugnen. Da er's selbst gesehn,
so mußte sie, was sie getan, gestehn;
und seine Liebe kannte kein Erbarmen.

[F 544/545, 21]

Dem Gesunden genügt das Weib. Dem Erotiker genügt der Strumpf, um zum Weib zu kommen. Dem Kranken genügt der Strumpf. [A 186]

Der Erotiker wird der Frau jeden gönnen, dem er sie nicht gönnt. [A 316]

Es kommt schließlich nur darauf an, daß man überhaupt über die Probleme des erotischen Lebens nachdenkt. Widersprüche, die man zwischen seinen eigenen Ergebnissen finden mag, beweisen nur, daß man in jedem Fall recht hat. Und die Widersprüche zwischen den eigenen und den Ergebnissen, zu denen andere Denker gelangt sind, entfernen uns nicht so weit von diesen, wie uns der Abstand von solchen entfernt, die überhaupt nicht über die Probleme des erotischen Lebens nachgedacht haben.

[A 21 f.]

Erotik macht aus einem Trotzdem ein Weil. [A 314]

Schönheitsfehler sind die Hindernisse, an denen sich die Bravour des Eros bewährt. Bloß Weiber und Ästheten machen eine kritische Miene. [A 23]

Es gibt kein unglücklicheres Wesen unter der Sonne als einen Fetischisten, der sich nach einem Frauenschuh sehnt und mit einem ganzen Weib vorlieb nehmen muß.

[A 28]

Der Fetischist der Frauenseele, der den Frauenleib zu jenen Objekten rechnet, die man in der irdischen Ausstellung nur ansehen und nicht berühren darf, predigte: »Eine getreue Frauenseele muß also mit einem Walle von Unnahbarkeit und Uneinnehmbarkeit, von Würde und Seelenadel geschützt, behütet und verteidigt sein, daß Don Juans Blick sich senkte und scheu zur Seite sich wendete! Dann wird die Eifersucht, diese schreckliche Erkrankung der Mannesseele, gebannt, verbannt, besiegt sein!« Aber eine Anschauung, die die Wunschfähigkeit einer Gewünschten überhaupt nicht gelten läßt und alles Unheil vom Don Juan und nie von der Frauenseele erwartet, führt uns in eine ästhetische Puppenwelt, deren Friede von dem keuschen Blick des Betrachters abhängt. Wo bleibt da noch Raum für Eifersucht? Es genügt eine Weisung, die ausgestellten Gegenstände nicht zu berühren; und Erotik wäre die objektive Wertung einer Rückenlinie, einer Nasenform, einer Hand. Aber in unserer Welt werden die Puppen lebendig oder hysterisch. Je nach der Strenge der Vorschriften. Die Unnahbarkeit ist Annäherung und die Uneinnehmbarkeit Herausforderung. Nötigenfalls dient auch die Würde als Lockung und der Seelenadel als Lasso. [A 18 f.]

Jedes Weib sieht aus der Entfernung größer aus als in der Nähe. Bei den Weibern ist also nicht nur die Logik und die Ethik, sondern auch die Optik auf den Kopf gestellt. [A 34]

Daß eine Frau bei naher Betrachtung verliert, ist ein Vorzug, den sie mit jedem Kunstwerk gemein hat, an dem man nicht gerade Farbenlehre studieren will. Nur Frauen und Maler dürfen sich untereinander mikroskopisch prüfen und ihre Technik abschätzen. Wen die Nähe enttäuscht, der hat es nicht besser verdient. Solche Enttäuschungen lösen ihm die Rosenketten des Eros. Der Kenner aber versteht es, sie erst daraus zu flechten. Ihn enttäuscht nur die Frau, die in der Entfernung verliert. [A 31 f.]

Die Tragik des Gedankens, Meinung zu werden, erlebt sich am schmerzlichsten in den Problemen des erotischen Lebens. Das geistige Erlebnis läßt hier Reue zurück, wenn es jene ermuntert, die bestenfalls recht haben können. Und so mag es gesagt sein: Jedes Frauenzimmer, das vom Weg des Geschlechts in den männlichen Beruf abirrt, ist im Weiblichen echter, im Männlichen kultivierter als die Horde von Schwächlingen, die es im aufgeschnappten Tonfall neuer Erkenntnisse begrinsen und die darin nur den eigenen Mißwachs erleben. Das Frauenzimmer, das Psychologie studiert, hat am Geschlecht weniger gefehlt, als der Psycholog, der ein Frauenzimmer ist, am Beruf. [A 308]

## Wie der Schelm ist, so denkt der Psycholog [A 351]

Eine gewisse Psychoanalyse ist die Beschäftigung geiler Rationalisten, die alles in der Welt auf sexuelle Ursachen zurückführen mit Ausnahme ihrer Beschäftigung.

[A 222]

In Lourdes kann man geheilt werden. Welcher Zauber sollte aber von einem Nervenspezialisten ausgehen?

[A 81]

Der Unterschied zwischen den Psychiatern und den anderen Geistesgestörten, das ist etwa das Verhältnis von konvexer und konkaver Narrheit. [A 83]

Krank sind die meisten. Aber nur wenige wissen, daß sie sich etwas darauf einbilden können. Das sind die Psychoanalytiker. [A 351]

Ein guter Psycholog ist imstande, dich ohneweiters in seine Lage zu versetzen. [A 351]

Psychoanalyse ist jene Geisteskrankheit, für deren Therapie sie sich hält. [A 351]

Psychoanalyse: Ein Kaninchen, das von der Boa constrictor geschluckt wird, wollte nur untersuchen, wie's drin aussehe. [A 350]

Die neuen Seelenforscher sagen, daß alles und jedes auf geschlechtliche Ursachen zurückzuführen sei. Zum Beispiel könnte man ihre Methode als Beichtvater-Erotik erklären. [A 81]

Psychologen sind Durchschauer der Leere und Schwindler der Tiefe. [A 224]

Nervenpathologie: Wenn einem nichts fehlt, so heilt man ihn am besten von diesem Zustand, indem man ihm sagt, welche Krankheit er hat. [A 82]

Was hat denn diese neue Jugend für einen Lehrmeister der Liebe? Einst gab's Schutzmittel; jetzt soll sie hemmungslos leben. Es scheint, daß sie den Sigi Ernst mit dem Sigi Freud überwunden hat. [A 348]

Infantile, die seit damals nur das Beten verlernt haben, werden von Analytikern ins Gebet genommen. Am Ende können sie wieder beten: Erlöse uns von der Analyse! [A 351]

Psychologie ist so müßig wie eine Gebrauchsanweisung für Gift. [A 224]

Wo man Fremdwörter vermeiden kann, soll man's bekanntlich tun. Da hört man immer von »Psychoanalytikern«. Als ich einmal einen auch zu sehen bekam, fiel mir sofort die glückliche Verdeutschung »Seelenschlieferl« ein. [A 351 f.]

Der Analytiker macht Staub aus dem Menschen. [A 343]

Die Irrsinnigen werden von den Psychiatern allemal daran erkannt, daß sie nach der Internierung ein aufgeregtes Benehmen zur Schau tragen. [A 83]

Eröffnung am Schluß einer psychoanalytischen Kur: Ja, Sie können nicht geheilt werden. Sie sind ja krank!

[A 351]

Wenn dir etwas gestohlen wurde, geh nicht zur Polizei, die das nicht interessiert, und nicht zum Psychologen, den daran nur das eine interessiert, daß eigentlich du etwas gestohlen hast. [A 223]

Der Psychoanalytiker ist ein Beichtvater, den es gelüstet, auch die Sünden der Väter abzuhören. [A 348]

Die Psychoanalytiker ahnden die Sünden der Väter bis ins dritte Geschlecht, indem sie dieses heilen wollen.

[A 348]

Was fängt man doch mit dieser Jugend an? Sie ist mißgestaltet und reagiert nur psychisch. Nichts als Freudknaben. [A 352]

Was man so Männer nennt, läßt sich jetzt psychoanalytisch auskratzen. [A 352]

Moderne Nervenärzte machen den Kranken zum Konsilarius. Er erhält ein Selbstbewußtsein des Unbewußten, das zwar erhebend, aber nicht eben aussichtsvoll ist. Anstatt ihn vom Herd des Übels zu jagen, wird er verhalten, sich daran zu rösten, statt Ablenkung wird eine Vertraulichkeit mit seinen Leiden, eine Art Symptomenstolz erzeugt, der den Kranken günstigsten Falls in den Stand setzt, an anderen seelische Kuren vorzunehmen, die von keinem besseren Erfolg begleitet sind. Alles in allem eine Methode, die augenscheinlich schneller Laien zum Sachverständigen, als einen Kranken gesund macht. Denn als Heilfaktor dient jene Selbstbeobachtung, welche eben die Krankheit ist. Aber sie ist kein Seelenserum. [A 82]

Der Unterschied zwischen der alten und der neuen Seelenkunde ist der, daß die alte über jede Abweichung von der Norm sittlich entrüstet war und die neue der Minderwertigkeit zu einem Standesbewußtsein verholfen hat.

[A 223]

Psychologie ist die stärkere Religion, die selig im Zweifel macht. Indem die Schwäche nicht zur Demut, sondern zur Frechheit bekehrt wird, geht es ihr schon auf Erden gut. Die neue Lehre ist über jeden Glauben erhaben.

[A 352]

*Die Psychoanalytiker*

Was ist's mit den Analysen?
Kann da ein Zweifel bleiben?
Die Methode ist bewiesen
an jenen, die sie treiben.

Daß man mit euch nur scherzte –
welch törichter Gedanke!
Im Gegenteil: die Ärzte
sind Kranke. [F 622-631, 198]

Sie haben die Presse, sie haben die Börse, jetzt haben sie auch das Unterbewußtsein! [A 223]

Das Unbewußte zu erklären, ist eine schöne Aufgabe für das Bewußtsein. Das Unbewußte gibt sich keine Mühe und bringt es höchstens fertig, das Bewußtsein zu verwirren. [A 349]

Das Unbewußte macht aber wirklich schlechte Witze, erwiderte der Traumdeuter. Das Unbewußte ist nun einmal so. Was kann denn die ernste Wissenschaft dafür? Gewiß, sie behält in jedem Falle Recht. Auch wenn sich – und bei manchen jungen Traumdeutern mag's gelingen – am Ende nachweisen ließe, daß die schlechten Witze nicht aus dem Unbewußten des Träumers, sondern aus dem Unbewußten des Deuters kommen, gleichsam als eine Schuld, die er überwälzt. Nun, das Unbewußte macht also doch schlechte Witze. [F 241, 21]

Das Unterbewußtsein scheint nach den neuesten Forschungen so eine Art Ghetto der Gedanken zu sein. Viele haben jetzt Heimweh. [A 349]

Sie greifen in unsern Traum, als ob's unsere Tasche wäre. [A 352]

F. hat die Beziehungen von Witz und Traum nachgewiesen. Er kann nichts dafür, wenn unter den Schätzen, die er aus dem Unbewußten zutage gefördert hat, sich hin und wieder ein Saphir befindet. [F 229, 4]

Würde ich davon träumen, daß die Traumdeutung F.'s Umschweife macht, wie wäre das erst zu deuten! [F 237, 4]

Traumdeutung: Das Unbewußte macht schlechte Witze. Aber erklärt werden sie durch das bewußte Denken F.'s. Das ist verdächtig. Ich werde erst dran glauben, wenn das Unbewußte F.'s die Kalauer erklärt, die das Unbewußte seiner Patienten macht. [F 237, 9]

Ihm gebührt das Verdienst, in die Anarchie des Traums eine Verfassung eingeführt zu haben. Aber es geht darin zu, wie in Österreich. [F 254-255, 33]

Den Weg zurück ins Kinderland möchte ich, nach reiflicher Überlegung, doch lieber mit Jean Paul als mit S. Freud machen. [A 348]

Mein Bewußtsein hat einen Hausknecht, der immer acht gibt, daß kein ungebetener Gast über die Schwelle komme. Psychoanalytiker haben auch unter ihr nichts zu suchen. Erwischt er einen, der ins Archiv will, so führt er ihn in den Empfangsraum, wo ich persönlich ihm mit seiner Diebslaterne ins Gesicht leuchte. [A 351]

Euer Bewußtes dürfte mit meinem Unbewußten nicht viel anfangen können. Aber auf mein Unbewußtes vertraue ich blind, es wird mit eurem Bewußten schon fertig.

[A 350]

Man kehrt nur dann vor fremder Bewußtseinsschwelle, wenn man's zuhause schmutzig hat. [A 351]

Die Analytiker rufen hinter jedem, dem es vor ihnen graust: »Aha, der bekannte Widerstand!« Denn Harmonie hat vor dem Mißklang etwas zu verbergen. Haß macht sich verdächtig, wenn er sagt, daß Liebe nicht von Filzläusen komme. Ich bin ein Neurotiker, der den Arzt fürchtet: das bekannte Symptom! Vor der Psychoanalyse gibt es kein Entrinnen; ich gebe es zu. Der Zweifler schützt sich vor dem Glauben. Wer aber rettet sich vor dem allumfassenden Zweifel? Das einzige, was ich bewußtermaßen von der Psychoanalyse zu fürchten habe, ist unbefugter Nachdruck. Gewiß, aber wer garantiert für mein Unbewußtes? Davon weiß ich ja nichts, da wissen nur die Psychoanalytiker Bescheid. Die wissen, wo das Trauma begraben liegt, und hören das Gras über einem Komplex wachsen. Die Zwangshandlungsgehilfen sind überall zur Stelle; sie haben sich die Fälle Grillparzer, Lenau, Kleist und Ibsen nicht entgehen lassen, und vor Goethes Zauberlehrling waren sie nur uneinig, ob hier Masturbation oder Bettnässe »sublimiert« sei. Sage ich ihnen, daß sie mich gern haben können, so habe ich eine anale Zone. Kein Zweifel, sagen die Zweifler, mein Kampf ist die Auflehnung gegen den Vater, und das Inzestmotiv lauert hinter jeder meiner Zeilen. Der Schein spricht gegen mich.

Vergebene Mühe, meine Alibido nachzuweisen – sie haben mich erwischt! [F 387/88, 20 f.]

*Den Psychoanalytikern*

Was mir vergangen ist,
euch ist es gegenwärtig.
Was mir im Traum befangen ist,
damit werdet ihr fertig.

Mir aber soll's eine Lust sein,
allein zu träumen,
und nachher in eurem Bewußtsein
aufzuräumen! [F 472/473, 25]

Mein Unbewußtes kennt sich im Bewußtsein eines Psychologen weit besser aus als dessen Bewußtsein in meinem Unbewußten. [A 436]

Man sagt mir oft, daß manches, was ich gefunden habe, ohne es zu suchen, wahr sein müsse, weil es auch F. gesucht und gefunden habe. Solche Wahrheit wäre wohl ein trostloses Wertmaß. Denn nur dem, der sucht, ist das Ziel wichtig. Dem, der findet, aber der Weg. Die beiden treffen sich nicht. Der eine geht schneller, als der andere zum Ziel kommt. Irgendetwas ist ihnen gemeinsam. Aber der Prophet ist immer da und verkündet den apokalyptischen Reiter. [A 349 f.]

Ich bin der Rationalist jenes Wunderglaubens, den sich die Psychoanalyse teuer bezahlen läßt. [A 348]

Die alte Wissenschaft versagte dem Geschlechtstrieb bei Erwachsenen ihre Anerkennung. Die neue räumt ein, daß der Säugling beim Stuhlgang schon Wollust spüre. Die alte Auffassung war besser. Denn ihr widersprachen wenigstens bestimmte Aussagen der Beteiligten. [A 81]

Der Psychiater verhält sich zum Psychologen wie der Astrolog zum Astronomen. In der psychiatrischen Wissenschaft hat das astrologische Moment seit jeher eine Rolle gespielt. Zuerst waren unsere Handlungen von der Stellung der Himmelskörper determiniert. Dann waren in unserer Brust unseres Schicksals Sterne. Dann kam die Vererbungstheorie. Und jetzt sind unsere Schicksalssterne an der Brust unserer Amme: denn ob sie dem Säugling gefiel, soll für das ganze Leben maßgebend sein. Die sexuellen Kindheitseindrücke machen wir für alles, was später geschah, verantwortlich. Es war verdienstvoll, mit dem Glauben aufzuräumen, daß die Sexualität erst nach der Maturitätsprüfung beginne. Aber man soll nichts übertreiben. Wenn auch die Zeiten vorbei sind, da die Wissenschaft die Enthaltsamkeit von Erkenntnissen übte, so sollte man sich darum nicht dem Genuß der Geschlechtsforschung hemmungslos hingeben. »Mein Vater«, höhnt Glosters Bastard, »ward mit meiner Mutter einig unterm Drachenschwanz und meine Geburtsstunde fiel unter ursa major, und so folgt denn, ich muß rauh und verbuhlt sein.« Und doch war es schöner, von Sonne, Mond und Sternen abzuhängen, als von den Schicksalsmächten des Intellektualismus! [A 81]

Kinder psychoanalytischer Eltern welken früh. Als Säugling muß es zugeben, daß es beim Stuhlgang Wollustempfindungen habe. Später wird es gefragt, was ihm dazu einfällt, wenn es auf dem Weg zur Schule der Defäkation eines Pferdes beigewohnt hat. Man kann von Glück sagen, wenn so eins noch das Alter erreicht, wo der Jüngling einen Traum beichten kann, in dem er seine Mutter geschändet hat. [A 222 f.]

Medizinischer Sinnspruch: Was den Vätern alte Hosen, sind den Söhnen die Neurosen. [A 270]

Die Nervenärzte haben es jetzt mit den Dichtern zu schaffen, die nach ihrem Tode in die Ordination kommen. Es geschieht ihnen insofern recht, als sie tatsächlich nicht imstande waren, die Menschheit auf einen Stand zu bringen, der die Entstehung von Nervenärzten ausschließt. [A 349]

Die neue Seelenkunde hat es gewagt, in das Mysterium des Genies zu spucken. Wenn es bei Kleist und Lenau nicht sein Bewenden haben sollte, so werde ich Torwache halten und die medizinischen Hausierer, die neuestens überall ihr »Nichts zu behandeln?« vernehmen lassen, in die Niederungen weisen. Ihre Lehre möchte die Persönlichkeit verengen, nachdem sie die Unverantwortlichkeit erweitert hat. Solange das Geschäft private Praxis bleibt, mögen sich die Betroffenen wehren. Aber Kleist und Lenau werden wir aus der Ordination zurückziehen! [A 222]

Psychologie ist der Omnibus, der ein Luftschiff begleitet.

[A 349]

*Die Zwangslage*

Wie rächen sich die Zwerge
an den Riesen?
Sie machen sich über die Berge
oder Psychoanalysen. [F 472/473, 25]

Die modernen Psychologen, die die Grenzen der Unverantwortlichkeit hinausschieben, haben reichlich darin Platz. [A 222]

Die Psychoanalyse entlarvt den Dichter auf den ersten Blick, ihr macht man nichts vor und sie weiß ganz genau, was des Knaben Wunderhorn eigentlich bedeutet. Es sei. Jetzt ist aber die höchste Zeit, daß eine Seelenforschung ersteht, die, wenn einer vom Geschlechte spricht, ihm dahinter kommt, daß es eigentlich Kunst bedeutet. Für diese Retourkutsche der Symbolik biete ich mich als Lenker an! Ich wäre aber auch schon zufrieden, wenn man einem, der von Psychologie spricht, nachweisen könnte, daß sein Unterbewußtsein eigentlich etwas anderes gemeint habe.

[A 222]

Wie Schönheit zustandekommt – das weiß die Nachbarin. Wie Genie entsteht – das weiß sie auch, die Analyse.

[F 389/390, 34]

Eine Wissenschaft, die vom Geschlecht so wenig weiß wie von der Kunst, verbreitet das Gerücht, daß im Kunstwerk die Sexualität des Künstlers »sublimiert« werde. Eine saubere Bestimmung der Kunst, das Bordell zu ersparen! Da ist es doch eine viel feinere Bestimmung des Bordells, die Sublimierung durch ein Kunstwerk zu ersparen. Wie bedenklich das von den Künstlern geübte Verfahren, abgesehen von seiner Weitschweifigkeit, in seiner Wirkung auf die Empfangenden bleibt, beweist gerade der Fall des bedeutenden Tonkünstlers, der von jener Wissenschaft gern als Beispiel gelungener Sublimierung herangezogen wird. Die Hörer seiner Musik fühlen sich von der darin sublimierten Sexualität dermaßen angeregt, daß ihnen oft kein anderer Ausweg als jener bleibt, den der Künstler gemieden hat, es wäre denn, daß sie selbst imstande sind, rechtzeitig eine Sublimierung vorzunehmen. Hätte der Künstler den einfacheren Weg gewählt, so wäre diese Wirkung den Hörern erspart geblieben. So geschieht es, daß durch die üble Gewohnheit der Künstler, die Sexualität zu sublimieren, diese erst frei wird und daß eine Angelegenheit, die so recht eine Privatangelegenheit des Künstlers zu bleiben hätte, zu einem öffentlichen Skandal ausartet. [A 346 f.]

Analyse ist der Hang des Schnorrers, das Zustandekommen von Reichtümern zu erklären. Immer ist das, was er nicht besitzt, durch Schwindel erworben. Der andere hat's nur; er aber ist zum Glück eingeweiht. [A 348 f.]

Psychoanalyse ist mehr eine Leidenschaft als eine Wissenschaft: weil ihr die ruhige Hand bei der Untersuchung fehlt, ja weil dieser Mangel die einzige Fähigkeit zur Psychoanalyse ausmacht. Der Psychoanalytiker liebt und haßt sein Objekt, neidet ihm Freiheit oder Kraft und führt diese auf seine eigenen Defekte zurück. Er analysiert nur, weil er selbst aus Teilen besteht, die keine Synthese ergeben. Er meint nur darum, der Künstler sublimiere ein Gebreste, weil er selbst es noch hat. Psychoanalyse ist ein Racheakt, durch den die Inferiorität sich Haltung, wenn nicht Überlegenheit verschafft und die Disharmonie aufs gleiche zu kommen sucht. Arzt sein ist mehr als Patient sein und darum sucht heute jeder Flachkopf jedes Genie zu behandeln. Die Krankheit ist hier das, was dem Arzte fehlt. Wie er sich immer anstelle, er wird zur Erklärung des Genies nichts weiter vorbringen, als den Beweis, daß er es nicht hat. Da aber das Genie eine Erklärung nicht braucht und eine, die die Mittelmäßigkeit gegen das Genie verteidigt, von übel ist, so bleibt der Psychoanalyse nur eine einzige Rechtfertigung ihres Daseins: sie läßt sich mit genauer Not zur Entlarvung der Psychoanalyse anwenden. [F 376/377, 20 f.]

Der Wille der Psychoanalyse ist: die Unkraft von dem Punkt, wohin der Künstler gekommen ist, den Weg zurückzuführen bis zu dem Punkt, von wo er nach analytischem Dafürhalten ausgegangen sein muß: bis zum Abort. Die Aussicht ist lohnend, aber die Partie ist kostspielig. Man fährt mit dem Retourbillett der Phantasie. Ist der Schwache dort angelangt, von wo der Starke hergekommen ist, so darf er sich selbständig machen. Er darf mit besseren Chancen weiter onanieren, seitdem er gehört hat, daß Goethes Zauberlehrling aus diesem Punkte zu kurieren sei. Solche Beruhigung hat viel für sich, aber der Außenstehende weiß nicht, was gemeiner ist: die Reduzierung des Kunstwerkes auf den physiologischen Rest oder die Reduzierung der Erotik auf das pathologische Maß. Denn die Wissenschaftler wissen nur eines nicht: daß von allem, was das Geschlecht angeht, und selbst von der Onanie das si duo faciunt idem gilt. Und daß die Kunst in jedem Falle non est idem. [A 347 f.]

Der schöpferische Mensch sieht Helenen in jedem Weibe. Er hat aber die Rechnung ohne den Analytiker gemacht, der ihn erst darüber aufklärt, was er eigentlich in Helenen zu sehen habe. [A 314]

Der Psycholog weiß um die Entstehung des »Fliegenden Holländers« Bescheid: »aus einer Kinderphantasie Richard Wagners, die dem Größenwunsch des Knaben entsprang, es seinem Vater gleich zu tun, sich an Stelle des Vaters zu setzen, groß zu sein wie er ...« Da aber nach den Versicherungen der Psychologen dies der seelische Habitus aller Knaben ist – ganz abgesehen von der erotischen Eifersucht und den Inzestgedanken, die das Kind mit der Muttermilch einsaugt und die nur bei Soxhlet nicht die Oberhand behalten –, so müßte die Psychologie bloß noch die eine Frage beantworten: welche spezifischen Anlagen oder Eindrücke bei Wagner die Entstehung des »Fliegenden Holländers« vorbereitet haben. Denn Wagner ist von allen Geschlechtsgenossen der einzige, dem die Autorschaft des »Fliegenden Holländers« zugeschrieben werden kann, während die meisten andern dem Größenwunsch, es dem Vater gleich zu tun, eine Karriere als Börseaner, Advokaten, Tramwaykondukteure oder Musikkritiker verdanken, und nur die, die davon geträumt haben, Heroen zu werden, Psychologen geworden sind. [A 347]

Vor dem Heiligtum, in dem ein Künstler träumt, stehen jetzt schmutzige Stiefel. Die gehören dem Psychologen, der drin wie zuhause ist. [A 343]

Nervenärzten, die uns das Genie verpathologisieren, soll man mit dessen gesammelten Werken die Schädeldecke einschlagen. Nicht anders soll man mit den Vertretern der Humanität verfahren, die die Vivisektion der Meerschweinchen beklagen und die Benützung der Künstler zu Versuchszwecken geschehen lassen. Wer immer sich zum Nachweis erbötig macht, daß die Unsterblichkeit auf Paranoia zurückzuführen sei, allen rationellen Tröstern des Normalmenschentums, die es darüber beruhigen, daß es zu Werken des Witzes und der Phantasie nicht inkliniere, trete man mit dem Schuhabsatz ins Gesicht, wo man ihrer habhaft wird! Aber die anderen, die modernen Psychiatraliker, die uns die Werke der Großen bloß auf die Sexualität hin prüfen, lache man bloß aus. Mir hat einmal einer den »Zauberlehrling« als einen handgreiflichen Beweis für die masturbatorischen Neigungen seines Schöpfers gedeutet. Ich war sittlich entrüstet, nicht wegen des Inhalts, aber wegen der unsäglichen Ärmlichkeit der Zumutung. Ich fühlte, wie sich zum legitimen Schwachsinn der literarhistorischen Kommentatoren allmählich ein neuer Wahnsinn geselle. Die wissenschaftlich fundierte Stimmung eines Herrenabends reklamiert den Besen des Zauberlehrlings – »oben sei ein Kopf« – für ihre Zwecke, aber sie würde gegebenenfalls auch nicht davor zurückschrecken, uns den »Mond« ebenso zu deuten, von dem es in dem wundervollen Gedicht doch heißt, daß er »wieder Busch und Tal füllt«. »Was fällt Ihnen dazu ein?« lautet die Frage des psychischen Analytikers. Aber wir haben ein Recht, sie in empörtem Ton zurückzugeben: Was Ihnen nicht einfällt! ... Man beruhigte mich mit der Versicherung, daß hier bloß eine Mitwirkung des »Unbewußten« bei Goethe angenommen werde. Dieses Unbewußte eines Dichters ist nun freilich ein Gebiet, in dem das Bewußtsein eines Mediziners volle Bewegungsfreiheit hat. Das ist tief bedauerlich. Denn die psychischen Analysen, die an einem Privatpatienten vorgenommen werden, sind eine Privatsache zwischen den beiden vertragschließenden Teilen, aber Kunstwerke sollten dem Untersucher schon wegen ihrer Wehrlosigkeit Respekt einflößen. Goethe – irrsinnig? In Gottes Namen, daraus können wir uns noch etwas herausfetzen! Vielleicht sinkt die Menschheit auf die Knie und fleht, vor ihrer Gesundheit bang, den Schöpfer um mehr Irrsinn! Aber die Verurteilung zur Masturbation läßt ein Gefühl der Leere zurück; verzweifelnd empfängt man die Erkenntnis, daß selbst wenn alle Welt masturbierte, dennoch kein »Zauberlehrling« entstehen müßte. Und trostlos ist auch der Gedanke, daß er, Goethe, es nicht gewußt, nicht einmal nachträglich bemerkt hat. Er schrieb den Zauberlehrling und wußte nicht, was er bedeute. Und man hatte doch geglaubt, daß das Unbewußte eines Goethe noch immer bewußter sei als das Bewußte eines Sexualpsychologen! [F 256, 21 f.]

Ich weiß euch eine solidere Deutung des »Zauberlehrlings«. »Hat der alte Hexenmeister sich doch einmal wegbegeben! Und nun sollen seine Geister auch nach meinem Willen leben.« In Abwesenheit eines verdienstvollen Lehrers und Finders sexual-psychologischer Erkenntnisse, versucht einer seiner Schüler die Methode selbst anzuwenden. »Seine Wort' und Werke merkt' ich, und den Brauch, und mit Geistesstärke tu' ich Wunder auch.« Und er vergreift sich an einem Goetheschen Gedicht. Die Kommentierung wächst ihm jedoch über den Kopf. »Wie sich jede Schale voll mit Wasser füllt.« Zu spät erkennt er das Unheil. »Wärst du doch der alte Besen!« Nämlich ein Besen und nicht etwas anderes, das er skrupellos dafür gesetzt hat. Aber da nützt keine Reue, die Kommentierung wächst ins Uferlose. Kein Klassikerwort, das einen greifbaren Gegenstand bedeutet – sei's der letzte Pfeil, den Tell im Köcher hat, sei's ein goldener Vogel oder Ammonshorn, wie es der Wanderer findet auf den Bergen –, ist mehr vor Deutung sicher. »Welch entsetzliches Gewässer!« Endlich kommt der Professor Freud zurück. »Herr, die Not ist groß! Die ich rief, die Geister, werd' ich nun nicht los!« Der Professor sieht, wie die Schüler die Lehre kompromittieren, und beschließt, dem groben Unfug ein Ende zu machen. Es war die höchste Zeit. In die Ecke mit allem, was wie ein Besen aussah und etwas anderes bedeuten sollte!

Seid's gewesen.
Denn als Geister
Ruft euch nur, zu seinem Zwecke,
Erst hervor der alte Meister. [F 256, 22 f.]

*Analyse*

Löst es nur auf und unbefangen dringt
bis auf den Rest der Werte und der Sachen.
Verschont die Kunst nicht, der es doch gelingt,
aus der Lösung wieder ein Rätsel zu machen.

[F 697-705, 91]

## Es gibt seichte und tiefe Hohlköpfe. [A 125]

Warum schreibt mancher? Weil er nicht genug Charakter hat, nicht zu schreiben. [A 124]

Keinen Gedanken haben und ihn ausdrücken können – das macht den Journalisten. [A 212]

Journalisten schreiben, weil sie nichts zu sagen haben, und haben etwas zu sagen, weil sie schreiben. [A 212]

Der Journalismus ist ein Terminhandel, bei dem das Getreide auch in der Idee nicht vorhanden ist, aber effektives Stroh gedroschen wird. [A 362]

Der Journalismus dient nur scheinbar dem Tage. In Wahrheit zerstört er die geistige Empfänglichkeit der Nachwelt. [A 76]

*Der Journalist*

Die Zeitung ein Mittel,
um etwas zu künden?
Es gilt, zum passenden Titel
das Ereignis zu finden! [F 834-837, 44]

Der Journalismus denkt ohne die Lust des Denkens. In solchen Bezirk verbannt, gleicht der Künstler einer zur Prostitution gezwungenen Hetäre. Nur daß diese schadlos auch dem Zwang erliegt. Der Zwang zur Lust kann ihr Lust bedeuten, jenem nur Unlust. [A 125]

Die Prostitution des Leibes teilt mit dem Journalismus die Fähigkeit, nicht empfinden zu müssen, hat aber vor ihm die Fähigkeit voraus, empfinden zu können. [A 125]

Was an einem einzigen Tage der letzten fünfzig Jahre gedruckt wurde, hat mehr Macht gegen die Kultur gehabt als sämtliche Werke Goethes für eine solche. [A 340]

Der Witz der Tagesschriftsteller ist höchstens das Wetterleuchten einer Gesinnung, die irgendwo niedergegangen ist. Nur der Gedanke schlägt ein, dem der Donner eines Pathos auf dem Fuße folgt. [A 125]

Es gibt Leute, die in öffentlichen Lokalen nur deshalb geduldet werden, weil sie nicht bezahlen. Man nennt sie Redakteure. [A 157]

Die Vorstellung, daß ein Journalist ebenso richtig über eine neue Oper wie über eine neue parlamentarische Geschäftsordnung schreibt, hat etwas Beklemmendes. Er könnte sicherlich auch einen Bakteriologen, einen Astronomen und vielleicht gar einen Pfarrer lehren. Und wenn ihm ein Fachmann in höherer Mathematik in den Weg käme, er bewiese ihm, daß er in noch höherer Mathematik zu Hause sei. [A 125]

O über die linke Midashand des Journalismus, die jeden fremden Gedanken, den sie berührt, in eine Meinung verwandelt! Wie soll man gestohlenes Gold reklamieren, wenn der Dieb nur Kupfer in der Tasche hat? [A 245]

*Definition*

Was ist
der Journalist?
Beim Element:
Ein unser Denken störender,
mit unsern Ohren hörender,
mit unsern Augen guckender,
uns auf die Zunge spuckender,
uns die Kopfhaut juckender,
unsre Kultur verdruckender,
sich unser Blut verschreibender,
doch uns nichts schuldig bleibender,
ja uns die Zeit vertreibender,
uns blendender und betäubender,
und unsre Felle beizender,
und unsre Hölle heizender,
unsre Nase schneuzender,
unsern Ekel reizender,
mit seinen Händen redender,
aber sonst uns ganz vertretender
Agent. [F 601-607, 57]

Zeit und Raum sind Erkenntnisformen des journalistischen Subjekts geworden. [A 77]

Das Hauptwort ist der Kopf, das Zeitwort der Fuß, das Beiwort sind die Hände. Die Journalisten schreiben mit den Händen. [A 329]

Der Journalist hat das Wort bei der Hand. Ich bin oft in Verlegenheit. Hätt' ich nur einen Journalisten bei der

Hand! Ich nähm' ihm das Wort aus der Hand und gäb' ihm dafür einen Schlag auf die Hand. [A 327]

Ich habe viele Jahre damit verbracht, den Journalismus und die intellektuelle Korruption, die von ihm ausgeht, mit ganzer Seelenkraft zu verabscheuen. Um aber die letzte Probe auf die Stichhaltigkeit meiner Lebensansicht zu machen, nahm ich mir ein journalistisches Gehirn als Versuchsobjekt ins Haus und ließ es spielen. Und siehe da, alles stimmte. [F 266, 17]

Die antisoziale Tendenz der Journaille wird auch dem blödesten Auge täglich offenbarer. Die Parole des Straßenräubers. »Das Geld her oder das Leben!« ist ein harmloses Scherzwort gegenüber dem Ruf der organisierten Gesellschaftsfeinde: »Die Nachricht her oder das Leben!« [F 153, 14]

Manche unserer Journalisten machen es wie die Londoner Gauner, die sich an den Straßen prügeln, während ihre Genossen die Gaffenden ausplündern, oder gleichen jenen beiden Quacksalbern, die einverstanden übereinander räsonnierten: der eine tadelte am andern alles, nur nicht seine Pillen, zur Steuer der Wahrheit; der andere tat gleiches, nur mußte er dessen Balsam loben zur Steuer der Wahrheit. Und so verkauften beide Pillen und Balsam mit Vorteil. [F 601-607, 70]

Der Historiker ist nicht immer ein rückwärts gekehrter Prophet, aber der Journalist ist immer einer, der nachher alles vorher gewußt hat. [A 362]

Es ist entsetzlich. Der Journalismus ist ein Übel, aber wir können ihm schließlich nicht wehren, weil wir nicht wüßten, was wir mit den Journalisten anfangen sollten, wenn es keine Zeitungen gäbe. Sie könnten höchstens, wenn sie ihr Sitzfleisch pflegen wollten, Philosophen werden. Aber die Philosophen, die den Ehrgeiz haben, auch mit der Hand zu arbeiten, sind eine überflüssige Plage. Alle Achtung vor ihrem Wissen, ihrem Fleiß und ihren sonstigen sozialen Tugenden, und mögen sie in Gottes Namen in den Hörsälen den jungen Leuten erzählen, was sie wollen; aber diese Gier nach Druckerschwärze ist des Teufels. Sie führt zu Verwechslungen. Man will einen Journalisten packen und hat einen Philosophen entlarvt.

[F 303/304, 44]

Die Mission der Presse ist, Geist zu verbreiten und zugleich die Aufnahmsfähigkeit zu zerstören. [A 76]

Vervielfältigung ist insofern ein Fortschritt, als sie die Verbreitung des Einfältigen ermöglicht. [A 76]

Wenn man bedenkt, daß dieselbe technische Errungenschaft der »Kritik der reinen Vernunft« und den Berichten über eine Reise des Wiener Männergesangsvereines gedient hat, dann weicht aller Unfriede aus der Brust und man preist die Allmacht des Schöpfers. [A 76]

Den Leuten ein X für ein U vormachen – wo ist die Zeitung, die diesen Druckfehler zugibt? [A 76]

Die Vorsehung einer gottlosen Zeit ist die Presse, und sie hat sogar den Glauben an eine Allwissenheit und Allgegenwart zur Überzeugung erhoben. [A 77]

Die Zeitungen haben zum Leben annähernd dasselbe Verhältnis, wie die Kartenaufschlägerinnen zur Metaphysik. [A 77]

Die Druckerschwärze ist noch nie zu der Verwendung gelangt, für die sie erschaffen ist. Sie gehört nicht ins Hirn, sondern in den Hals jener, die sie falsch verwenden. [A 363]

*Bekanntlich*

Wie's mit dem Lettern- und Lügenschall
der Presse in Wahrheit bewandt ist?
»Bekanntlich« sagt sie von jedem Fall,
wo ihr nicht das geringste bekannt ist.
Da macht sie sich wahrlich nicht allzuviel draus
und setzt, was nicht ist, als bekannt voraus.

[F 691-696, 64]

Die ganze Menschheit befindet sich bereits der Presse gegenüber im Zustande des Schauspielers, dem ein unterlassener Gruß schaden könnte. Man wird preßfürchtig geboren. [A 362]

Ich las einst ein Abendblatt nicht, das die folgenden Artikelüberschriften enthielt: Die 1869er geheimen Verhandlungen zwischen Österreich, Frankreich und Italien. – Die Reformbewegung in Persien. – Die Ernennung der kroatischen Sektionschefs. – Die Pforte gegen den Metropoliten Monastir ... Nachdem ich dieses Abendblatt nicht gelesen hatte, fühlte ich meinen engen Horizont erweitert. [F 229, 9]

*Wahl des Titels*

Ein neues Blatt? Ich schlag als Titel vor: »Die Lüge«;
der Kopf der Zeitung zeige ihres Wesens Züge.
Es gibt nur einen Grund, daß er ihr nicht behagt:
weil selbst im Titel doch kein Blatt die Wahrheit sagt.

[F 751-756, 68]

Die Dorfbarbiere haben einen Apfel, den stecken sie allen Bauern ins Maul, wenn's ans Balbieren geht. Die Zeitungen haben das Feuilleton. [A 224]

Mit der Entfernung von meinem Tisch wächst die Schlechtigkeit der Feuilletons. [F 266, 22]

Feuilletonisten und Friseure haben gleich viel mit den Köpfen zu schaffen. [A 117]

Ein Feuilleton schreiben heißt auf einer Glatze Locken drehen. [A 118]

Der Friseur erzählt Neuigkeiten, wenn er bloß frisieren soll. Der Journalist ist geistreich, wenn er bloß Neuigkeiten erzählen soll. Das sind zwei, die höher hinaus wollen. [A 77]

Feuilletonisten sind verhinderte Kurzwarenhändler. Die Eltern zwingen sie zu einem intelligenten Beruf, aber das ursprüngliche Talent bricht sich doch Bahn. [A 125]

Talent ist oft ein Charakterdefekt. [A 95]

Die Ausübung einer Sorte Talents sollte strafgesetzlich verboten sein. Denn sie ist es, die all das Unheil in die Welt gebracht hat, welches als intellektuelle Verunreinigung des Geisteslebens die Kulturentwicklung hindert. [A 95]

Seit Heine wird nach dem Leisten: »Ein Talent, doch kein Charakter« geschustert. Aber so fein unterscheide ich nicht! Ein Talent, weil kein Charakter. [A 95]

Das Talent, das schwerpunktlos in der Welt flattert, ist deshalb so bedenklich, weil es der Feindseligkeit des Philisters gegen alles Echte süße Nahrung gibt. Ein Feuilleton begräbt ein Dutzend Kunstwerke. [A 95]

Wenn ein Feuilletonist zu schildern anfängt, so kann man nie wissen, obs der deutsche Kaiser oder ein italienischer Tenor wird. Das mag nicht so weit auseinanderliegen, aber die Nuance ist doch eine verschiedene. Nun ist der Vorrat an den von Herrschaften abgelegten Beobachtungen kein allzu großer. Die meisten der geschilderten Persönlichkeiten müssen »dampfen« oder »brausen«. »Ein brausender Kaiser«, wird versichert, sei »etwas so Seltenes, daß Jahrhunderte vergehen können, ehe die Welt wieder einen zu schauen kriegt«. Wenn man aber auch über die anderen Bundesfürsten ein Feuilleton zu schreiben hat? Dann, in Gottes Namen, »braust« auch »im König von Württemberg eine Lebenslust«, daß es seine Art hat. Und wo alles braust, kann vermutlich auch der Bürgermeister von Hamburg nicht ruhig bleiben. Daß sich inzwischen das Volk massiert, ist nur in Ordnung. Denn vom Stehen sind ihm ohnedies schon die Füße eingeschlafen, und jetzt soll es auch noch die Beschreibungen lesen.

[F 254-255, 3]

*Kerr*

Warum er Absätze macht und sie peinlich zählt?
Daß kein Einfall ihm fehle, wenn er ihm fehlt.

[F 691-696, 61]

Der Diplomat E. wurde einer geschlechtlichen Beziehung zu einem Manne namens Ernst beschuldigt, und der Journalist H. schreibt über die diplomatischen Fähigkeiten jenes Mannes die Worte: »Es fehlt ihm an Sitzfleisch und Ernst.« Hätte Heine diesen Satz geschrieben, so hätte er auch gleich hinzugefügt: natürlich nicht in jedem Sinne der Worte. Es wäre eine niedrige Pointe gewesen, im Stil jener Niedrigkeiten gegen Platen, von denen man kaum begreifen kann, daß sie den literarischen Ruhm ihres Autors nicht erstickt haben. Heine hätte den Witz gemacht, oder er hätte wenigstens sofort gemerkt, daß der ernstgemeinte Satz ein Witz sei, was auf dasselbe schöpferische Verdienst herauskommt. Dem andern H. aber fehlt die Fähigkeit, einen Witz zu machen oder sich auch nur eines witzigen Sinns bewußt zu werden. Nun gibt es nichts, was das schriftstellerische Können empfindlicher bloßstellt als die Möglichkeit, im Leser Vorstellungen zu erzeugen, die man nicht bezweckt hat. Besser nicht zum Ausdruck bringen, was man meint, als zum Ausdruck bringen, was man nicht meint. Der Schriftsteller muß alle Gedankengänge kennen, die sein Wort eröffnen könnte. Er muß wissen, was mit seinem Wort geschieht. Je mehr Beziehungen dieses eingeht, um so größer die Kunst; aber es darf nicht Beziehungen eingehen, die dem Künstler verborgen bleiben. Wer den Diplomaten E. in eine Beziehung zu »Sitzfleisch und Ernst« bringt und nicht merkt, daß er einen Witz gemacht hat, ist kein Schriftsteller. Der andere, der den witzigen Sinn der Wendung betont, flößt mir nicht gerade Respekt ein. Ich hätte es damit so gehalten: die ernste Bemerkung unterdrückt, weil ihr Witz mir aufgestoßen wäre, und wäre mir die witzige eingefallen, sie nicht geschrieben. [A 121 f.]

Der Stil des Herrn Harden: Nur eine Sprache, die den Krebs hat, neigt zu Neubildungen. [F 237, 9]

Die Ratten verlassen das sinkende Schiff, nachdem sie sich am Speck den Magen verdorben haben. Das gilt vom Anhang und vom Stil eines gewissen deutschen Publizisten. [A 123]

Der tiefgefühlte Mangel an Persönlichkeit schuf den Zustand einer geistigen Feuersnot. Die Ochsen rennen aus dem Stall in den Brand: der Publizist rennt aus dem Stoff in die Bildung. Man hält sich im geistigen Qualm die Nase zu. [A 120]

Daß sie das Feuilleton lebensfähig erhalten, ist das höchste Kompliment, das man den Literaten heute machen kann. Wie aber klingt es, wenn man ihnen sagt, daß sie das Leben feuilletonfähig gestalten? [A 117]

Mit den perfekten Feuilletonisten ließe sich leben, wenn sie es nicht auf die Unsterblichkeit abgesehen hätten. Sie wissen fremde Werte zu placieren, haben alles bei der Hand, was sie nicht im Kopf haben, und sind häufig geschmackvoll. Wenn man ein Schaufenster dekoriert haben will, ruft man nicht einen Lyriker. Er könnte es vielleicht auch, aber er tut's nicht. Der Auslagenarrangeur tut's. Das schafft ihm seine soziale Position, um die ihn der Lyriker mit Recht beneidet. Auch ein Auslagenarrangeur kann auf die Nachwelt kommen. Aber nur, wenn der Lyriker ein Gedicht über ihn macht. [A 218]

Ein Reichtum, der aus hundert Hintergründen fließt, erlaubt es der Presse, sich an hohen Feiertagen den Luxus der Literatur zu leisten. Wie fühlt sich diese, wenn sie als goldene Kette auf dem Annoncenbauch eines Protzen glänzen darf? [A 219]

Der Maler hat es mit dem Anstreicher gemeinsam, daß er sich die Hände schmutzig macht. Eben dies unterscheidet den Schriftsteller vom Journalisten. [A 212]

»Gut schreiben« ohne Persönlichkeit kann für den Journalismus reichen. Allenfalls für die Wissenschaft. Nie für die Literatur. [A 124]

Ob einer Restaurateur oder gar Leitartikler wird, ein soziales Talent soll sich nur Bahn brechen, und es wäre unvornehm, ihm den Erfolg zu sperren, der ihm gebührt. Nur die Kunst ist so eigenwillig, daß sie das Talent der Finger und Ellbogen nicht als Befähigungsnachweis gelten läßt. [F 266, 20]

Es müßte ein geistiger Liftverkehr etabliert werden, um einem die unerhörten Strapazen zu ersparen, die mit der Herablassung zum Niveau des heutigen Schrifttums verbunden sind. Wenn ich wieder zu mir komme, bin ich immer ganz außer Atem. [A 128]

Es gibt eine Originalität aus Mangel, die nicht imstande ist, sich zur Banalität emporzuschwingen. [A 246]

Wer nicht Temperament hat, muß Ornament haben. Ich kenne einen Schriftsteller, der es sich nicht zutraut, das Wort »Skandal« hinzuschreiben, und der deshalb »Skandalum« sagen muß. Denn es gehört mehr Kraft dazu, als er hat, um im gegebenen Augenblick das Wort »Skandal« zu sagen. [A 246]

Wer sich darauf verlegt, Präfixe zu töten, dem gehts nicht um die Wurzel. Wer weisen will, beweist nicht; wer kündet, hat nichts zu verkünden. [A 246]

In Berlin hat einer einen geschwollenen Hals. Das kommt vom vielen Silbenschlucken. Aber der Kopf geht bei solcher Tätigkeit leer aus. [A 246]

Mein Blick fiel auf die letzte Seite das Dramas »Jugend«. Wie jung war damals die Literatur! Hänschen wirft sich über Annchens Leichnam mit dem Rufe: »A–us!«. Stünde »Aus!«, hätte es der Darsteller wohl nicht getroffen! In der Tat, der Naturalismus war der Schwimmeister der Unzulänglichkeit. Wenn er ihr nicht den Gürtel des Dialekts gab, hielt er ihr mindestens mit solchen Anweisungen die Stange. [A 129]

Es gibt eine bessere Naturwahrheit als die jener kleinen Realität, mit deren Vorführung uns die deutsche Literatur durch zwei Jahrzehnte im Schweiße ihres Angesichts dürftige Identitätsbeweise geliefert hat. [A 129 f.]

Ein pornographischer Schriftsteller kann leicht Talent haben. Je weiter die Grenzen der Terminologie, desto geringer die Anstrengung der Psychologie. Wenn ich den Geschlechtsakt populär bezeichnen darf, ist das halbe Spiel gewonnen. Die Wirkung eines verbotenen Wortes wiegt alle Spannung auf und der Kontrast zwischen dem Überraschenden und dem Gewohnten ist beinahe ein Humorelement. [A 130]

Es gibt Wahrheiten, durch deren Entdeckung man beweisen kann, daß man keinen Geist hat. [A 131]

Ein armseliger Hohn, der sich in Interpunktionen austobt und Rufzeichen, Fragezeichen und Gedankenstriche als Peitschen, Schlingen und Spieße verwendet. [A 132]

Ein Gedankenstrich ist zumeist ein Strich durch den Gedanken. [A 246]

In der Literatur hüte man sich vor den Satzbauschwindlern. Ihre Häuser kriegen zuerst Fenster und dann Mauern. [A 124]

Geistige Zuckerbäcker liefern kandierte Lesefrüchte. [A 124]

Im Anfang war das Rezensionsexemplar, und einer bekam es vom Verleger zugeschickt. Dann schrieb er eine Rezension. Dann schrieb er ein Buch, welches der Verleger annahm und als Rezensionsexemplar weitergab. Der nächste, der es bekam, tat desgleichen. So ist die moderne Literatur entstanden. [A 127]

Die meisten Kritiker schreiben Kritiken, die von den Autoren sind, über die sie die Kritiken schreiben. Das wäre noch nicht das Schlimmste. Aber die meisten Autoren schreiben dann auch die Werke, die von den Kritikern sind, die über sie Kritiken schreiben. [A 331]

Man muß alle Schriftsteller zweimal lesen, die guten und die schlechten. Die einen wird man erkennen, die andern entlarven. [A 116]

Es gibt Schriftsteller, die schon in zwanzig Seiten ausdrücken können, wozu ich manchmal sogar zwei Zeilen brauche. [A 116]

Einen Roman zu schreiben, mag ein reines Vergnügen sein. Nicht ohne Schwierigkeiten ist es bereits, einen Roman zu erleben. Aber einen Roman zu lesen, davor hüte ich mich, so gut es irgend geht. [A 119]

Wo nehme ich nur all die Zeit her, so viel nicht zu lesen. [A 119]

Ich hab's noch nicht versucht, aber ich glaube, ich müßte mir erst zureden und dann fest die Augen schließen, um einen Roman zu lesen. [A 329]

Ich habe gegen die Romanliteratur aus dem Grunde nichts einzuwenden, weil es mir zweckmäßig erscheint, daß das, was mich nicht interessiert, umständlich gesagt wird. [A 253]

Der Roman ist auf dem halben Weg zum Künstler und darum dem ganzen Künstler im Weg. [A 275]

Zu seiner Belehrung sollte ein Schriftsteller mehr leben als lesen. Zu seiner Unterhaltung sollte ein Schriftsteller mehr schreiben als lesen. Dann können Bücher entstehen, die das Publikum zur Belehrung und zur Unterhaltung liest. [A 118]

Zuerst schnüffelt der Hund, dann hebt er selbst das Bein. Gegen diesen Mangel an Originalität kann man füglich nichts einwenden. Aber daß der Literat zuerst liest, ehe er schreibt, ist trostlos. [A 118]

Die gefährlichsten Literaten sind die, welche ein gutes Gedächtnis aller Verantwortung enthebt. Sie können nichts dafür und nichts dagegen, daß ihnen etwas angeflogen kommt. Da ist mir ein ehrlicher Plagiator lieber.

[A 118]

*Das Originalgenie*

Nie nahm er etwas aus zweiter Hand
und hielt sich bloß an die Originale,
und wo er nur etwas Gutes fand,
dort stahl er es stets zum ersten Male.

Als Knabe, sagt man, war weltvergessen
versunken er gern im Waldesweben.
Da sei er oft an der Quelle gesessen,
und habe sie niemals angegeben.

[F 472/473, 16]

Deutsche Literaten: Die Lorbeern, von denen der eine träumt, lassen den andern nicht schlafen. Ein anderer träumt, daß seine Lorbeern wieder einen andern nicht schlafen lassen, und dieser schläft nicht, weil der andere von Lorbeern träumt. [A 124]

Man tadelte Herrn v. H. wegen eines schlechten Satzes. Mit Recht. Denn es stellte sich heraus, daß der Satz von Jean Paul und gut war. [A 237]

Wunder der Natur! Die Kunstblumen des Herrn von Hofmannsthal, die um 1895 Tau hatten, sind nun verwelkt.

[A 253]

Die eigenen Lorbeern ließen Herrn v. H. nicht schlafen, aber auf fremden ruhte er gern aus. [A 331]

Manche Talente bewahren ihre Frühreife bis ins späte Alter. [A 331]

Ein Gedicht ist so lange gut, bis man weiß, von wem es ist. [A 332]

Der persönliche Umgang mit Dichtern ist nicht immer erwünscht. Vor allem mag ich die Somnambulen nicht, die immer auf die richtige Seite fallen. [A 106]

Die Literatur von heute sind Rezepte, die die Kranken schreiben. [A 331]

Die meisten Autoren haben keine andere Qualität als der Leser: Geschmack. Aber der hat den bessern, weil er nicht schreibt, und den besten, wenn er nicht liest. [A 336]

Die Literaten, die jetzt geboren werden, sind weniger konsistent als ehedem die Gerüchte waren. Ich habe noch Gerüchte gekannt, an denen etwas dran war. Dem, was heute aus Schreibmaschinen zur Menschheit spricht, würde ich nicht über die Gasse trauen. [A 353]

Heinrich Heine hat der deutschen Sprache so sehr das Mieder gelockert, daß heute alle Kommis an ihren Brüsten fingern können. [A 241]

Heine ist ein Moses, der mit dem Stab auf den Felsen der deutschen Sprache schlug. Aber Geschwindigkeit ist keine Zauberei, das Wasser floß nicht aus dem Felsen, sondern er hatte es mit der andern Hand herangebracht, und es war Eau de Cologne. [A 123]

Eines der unbedeutendsten und also berühmtesten Gedichte Heinrich Heines beginnt mit der Frage, was die einsame Träne will, die dem Dichter ja den Blick trübt, die, wie er selbst zugibt, aus alten Zeiten in seinem Auge zurückgeblieben ist und die trotzdem durch das ganze Gedicht in ungetrocknetem Zustande konserviert wird. Wiewohl er sich also selbst der Möglichkeit einer klaren Anschauung beraubt hat, ist diesem Lyriker die Plastik der Träne ausnahmsweise gelungen. Ich möchte ihm beinahe nachrühmen, daß er die Poesie des Gerstenkorns gefunden hat. [A 123]

Ich kenne eine Sorte sentimentaler Schriftsteller, die platt ist und stinkt. Wanzen aus Heines Matratzengruft. [A 124]

Sentimentale Ironie ist ein Hund, der den Mond anbellt, dieweil er auf Gräber pißt. [A 124]

*Heine und die Folgen*

Seit dieser Prosa, diesem Buch der Lieder
hats jeder leicht, die Lust der Sprache zu verringern.
Er löste ihr das Mieder,
damit sie an ihren Brüsten fingern.

[F 577-582, 66]

Das vertrackteste Problem dieser Zeit ist: daß sie Papier hat und, was gedruckt wird, käme es auch aus dem Mastdarm, als Urteil wirkt und als Humor. [A 354]

Aus den Äußerungen der deutschen Dichter habe ich entnommen, daß sie nichts zu sagen haben, und mir mit der Erwartung geschmeichelt, daß sie mein Schweigen anders deuten würden. [A 392]

Die deutschen Dichter haben das Talent, nicht den Mund halten zu können. [A 392]

Ein deutscher Dichter hat das Geräusch der Maschinengewehre »Sphärenmusik« genannt und ein österreichischer hat beobachtet, wie »jeder Halm stramm steht«. Wenn die Dichter so parieren, werden der Kosmos und die Natur zu meutern beginnen. [A 392]

Unsere Literatur hat einen belebenden Impuls empfangen? Sie hätte lieber Ohrfeigen empfangen sollen. Wie, die Schöpfungen unserer Dichter haben etwas von dem Feueratem übernommen, mit dem diese Zeit über den Alltag hinweggefegt ist oder so? Zwischen dem Feueratem und dem Alltag hat sich sofort eine Gemeinsamkeit ergeben, die Phrase, die unsere Dichter, anschmiegsam wie sie sind, sofort übernommen haben. Sie sind pünktlicher und schneller eingeschnappt, als es die verblüffte Kundschaft verlangt hätte. Ihre Schöpfungen als einen Beweis für die Größe der Zeit offerieren, hieße Optimismus bereits mit Frozzelei verwechseln. Ich mache immerhin noch den Unterschied mehrerer sittlichen Grade zwischen Bürgern, die die Notwendigkeit aus dem Bureau in den Schützengraben treibt, und Tagdieben, die daheim mit dem Entsetzen Ärgeres treiben als Spott, nämlich Leitartikel oder Reime, indem sie eine Gebärde aus zweiter Hand, die schon in der ersten falsch war, und einen Feueratem aus dem Mund der Allgemeinheit zu einer schnöden Wirksamkeit verarbeiten. Ich habe in diesen Schöpfungen keine Zeile gefunden, von der ich mich nicht schon in Friedenszeiten mit einem Gesichtsausdruck abgewandt hätte, der mehr auf Brechreiz als auf das Gefühl einer Offenbarung schließen ließ. Die einzige würdige Zeile, die in dieser ganzen großen Zeit gedruckt wurde, stand im Manifest des Kaisers und war an den Anschlagsäulen so lange zu lesen, bis sie vom Gesicht des Wolf aus Gersthof verdeckt wurde, des wahren Tyrtäus dieses Kriegs!

[A 393 f.]

»Es wird weiter gedroschen.« Nein, so grausam sind wir nicht. Immer noch mehr Phrasen als Menschen! [A 399]

## Welche Plage, dieses Leben in Gesellschaft! [A 193]

Bevor man das Leben über sich ergehen läßt, sollte man sich narkotisieren lassen. [A 159]

Der Übermensch ist ein verfrühtes Ideal, das den Menschen voraussetzt. [A 57]

Die Welt ist ein Gefängnis, in dem Einzelhaft vorzuziehen ist. [A 68]

»Das Leben geht weiter«. Als es erlaubt ist. [A 435]

Gedanken sind zollfrei. Aber man hat doch Scherereien. [A 171]

Fluch dem Gesetz! Die meisten meiner Mitmenschen sind traurige Folgen einer unterlassenen Fruchtabtreibung. [A 59]

»Sich keine Illusionen mehr machen«: da beginnen sie erst. [A 176]

Ich begreife, daß einer Baumwolle für sein Leben opfert. Aber umgekehrt? [A 387]

Mein Tag ist ein Spießrutenlaufen inter homines et omnia. [A 451]

Die Außenwelt ist eine lästige Begleiterscheinung eines unbehaglichen Zustands. [A 299]

Die Einsamkeit wäre ein idealer Zustand, wenn man sich die Menschen aussuchen könnte, die man meidet. [A 68]

Das Leben ist eine Anstrengung, die einer besseren Sache würdig wäre. [A 299]

Humanität ist das Waschweib der Gesellschaft, das ihre schmutzige Wäsche in Tränen auswindet. [A 229]

Man unterscheide Menschen, die im Frühling den Winterrock ablegen, und Menschen, die die Ablegung des Winterrocks als unfehlbares Mittel zur Herbeiführung des Frühlings ansehen. Die ersten werden eher den Schnupfen kriegen. [A 161]

Nachdem er sich in der anarchistischen Partei unmöglich gemacht hatte, blieb ihm nichts mehr übrig als ein nützliches Mitglied der bürgerlichen Gesellschaft zu werden und in die Sozialdemokratie einzutreten. [A 156]

Es gibt Menschen, denen es gelingt, die Vorteile der Welt mit den Benefizien des Verfolgtseins zu vereinigen. [A 67]

Wenn ich sicher wüßte, daß ich mit gewissen Leuten die Unsterblichkeit zu teilen haben werde, so möchte ich eine separierte Vergessenheit vorziehen. [A 68]

Wer andern keine Grube gräbt, fällt selbst hinein. [A 57]

Es wäre mehr Unschuld in der Welt, wenn die Menschen für all das verantwortlich wären, wofür sie nicht können. [A 280]

Nichts ist trauriger als eine Niedrigkeit, die ihren Lohn nicht erzielt hat. Sie bilde sich nicht nachträglich ein, daß sie Gemeinheit l'art pour l'art sei. [A 67]

Wiewohl ich viele Leute gar nicht kenne, grüße ich sie nicht. [A 268]

Welche Plage, dieses Leben in Gesellschaft! Oft ist einer so entgegenkommend, mir ein Feuer anzubieten, und ich muß, um ihm entgegenzukommen, mir eine Zigarette aus der Tasche holen. [A 193]

Die Nichtanerkennung eines Gedankenlebens ist in jedem Falle soziale Bedingung. Der Mensch ist zufrieden, daß man seine Haut respektiert und hinter ihr die sogenannte Ehre und die sogenannte Sittlichkeit. Auge und Ohr dürfen nicht verletzt werden, wohl aber die Ansprüche, die sie stellen. Die Nase muß Gerüche aufnehmen, die sie verschmäht, und wenn der Geschmacksinn sich auf eine Speise eingerichtet hat, so kommt nach zehn Minuten der Kellner und bedauert, nicht mehr dienen zu können. Jeder Tölpel darf dich anglotzen, die Störung durch jeden Tropf mußt du dulden, wenn er gefragt hat, ob er nicht stört, und wenn du gerade zum Schreibtisch eilst, um es niederzuschreiben, daß du in der Gemeinschaft von Menschen lebst, die sich für Ethiker halten, weil sie dir nicht auf offener Straße die Börse aus der Tasche ziehen, so kreuzt dir gewiß einer mit der Bitte um Feuer den Weg. Daß die Zivilisation auf das Entgegenkommen in diesem Punkte stolz ist, daß kein Rauchender die unerwünschte Anrede mit einem schroffen Nein zu beantworten wagt, – nichts vermöchte die Geistlosigkeit der Konvention, die wir untereinander getroffen haben, besser zu entblößen. Prometheus holte sich das Feuer vom Himmel. Aber selbst ihn ließ Jupiter dafür an einen Felsen des Kaukasus anschmieden, wo ihm ein Geier die Leber aushackte. [A 60]

Wenn mich einer ansprechen will, hoffe ich noch bis zum letzten Augenblick, daß die Furcht, kompromittiert zu werden, ihn davon abhalten wird. Sie sind aber unerschrocken. [A 61]

Ein ganzer Kerl ist einer, der die Lumpereien nie begehen wird, die man ihm zutraut. Ein halber, dem man die Lumpereien nie zugetraut hat, die er begeht. [A 67]

Es gehört zum guten Ton, über eine schlechte Tat nicht zu sprechen. Wenn ein Lump dir die Absicht anvertraut, deinen Freund zu verraten, so ist Diskretion Ehrensache. [A 57]

Die verkommenste Existenz ist die eines Menschen, der nicht die Berechtigung hat, ein Schandfleck seiner Familie und ein Auswurf der Gesellschaft zu sein. [A 67]

Das Wort »Familienbande« hat einen Beigeschmack von Wahrheit. [A 67]

Er hat einmal gemein gehandelt: daraus kann man noch nicht auf seinen Charakter schließen. Dann aber hat er doch wieder edel gehandelt, und jetzt vermute ich, daß er ein gemeiner Kerl ist. [A 270]

Seine Überzeugung ging ihm über alles, sogar über das Leben. Doch er war opfermutig, und als es dazu kam, gab er gern seine Überzeugung für sein Leben hin. [A 156]

Was sich alles entpuppen kann: ein Schurke und ein Schmetterling! [A 431]

Er hatte so eine Art sich in den Hintergrund zu drängen, daß es allgemein Ärgernis erregte. [A 269]

Eine Berührung mit ihm wirkt, wie wenn man Schleim berührte. Seitdem ich das weiß, rühre ich nie mehr Schleim an. [A 157]

Er ließ einem Größenwahn, der nicht von ihm ist, die Zügel, die er sich ausgeborgt hatte, schießen. [A 154]

Größenwahn ist nicht, daß man sich für mehr hält als man ist, sondern für das, was man ist. [A 227]

Manche haben den Größenwahn verrückt zu sein und sind nur untergeschnappt. [A 270]

Die stärkste Kraft reicht nicht an die Energie heran, mit der manch einer seine Schwäche verteidigt. [A 65]

Es gibt Menschen, die es zeitlebens einem Bettler nachtragen, daß sie ihm nichts gegeben haben. [A 196]

Unter Dankbarkeit versteht man gemeinhin die Bereitwilligkeit, lebenslänglich Salbe aufzuschmieren, weil man einmal Läuse gehabt hat. [A 57]

Die Undankbarkeit steht oft in keinem Verhältnis zur empfangenen Wohltat. [A 432]

Eher verzeiht dir einer die Gemeinheit, die er an dir begangen, als die Wohltat, die er von dir empfangen hat. [A 196]

Eine Notlüge ist immer verzeihlich. Wer aber ohne Zwang die Wahrheit sagt, verdient keine Nachsicht. [A 168]

Das Übel gedeiht nie besser, als wenn ein Ideal davorsteht. [A 401]

Die Deutschen – das Volk der Richter und Henker. [A 159]

Zeitgenossen leben aus zweiter Hand in den Mund. [A 344]

Alles Leben in Staat und Gesellschaft beruht auf der stillschweigenden Voraussetzung, daß der Mensch nicht denkt. Ein Kopf, der nicht in jeder Lage einen aufnahmsfähigen Hohlraum darstellt, hat es gar schwer in der Welt. [A 60]

Nichts ist engherziger als Chauvinismus oder Rassenhaß. Mir sind alle Menschen gleich, überall gibt's Schafsköpfe und für alle habe ich die gleiche Verachtung. Nur keine kleinlichen Vorurteile! [A 59]

Es ist eine schreckliche Situation, dazuliegen, wenn die Pferdehufe der Dummheit über einen hinweggegangen sind, und weit und breit keine Hilfe! [F 259-260, 46]

Ich bin für eine Zersplitterung der Dummheit. Es tut nicht gut, wenn sie wochenlang auf einen Punkt konzentriert ist. [F 257-258, 5]

Bei gleicher Geistlosigkeit kommt es auf den Unterschied der Körperfülle an. Ein Dummkopf sollte nicht zu viel Raum einnehmen. [A 61]

Auch die Dummheit hat Ehre im Leib, und sie wehrt sich sogar heftiger gegen den Spott, als die Gemeinheit gegen den Tadel. Denn dieser weiß, daß die Kritik recht hat; jene aber glaubt's nicht. [A 58]

Wie souverän doch ein Dummkopf die Zeit behandelt! Er vertreibt sie sich oder schlägt sie tot. Und sie läßt sich das gefallen. Denn man hat noch nie gehört, daß die Zeit einen Dummkopf vertrieben oder totgeschlagen hat. [A 58]

Ich sehe, wenn ich über die Straße gehe, viele Dummköpfe, bleibe aber ernst. Ja, ich werde immer ernster, je mehr Dummköpfe ich sehe. Dagegen lächeln die Dummköpfe, die mich sehen, wenn sie über die Straße gehen, und da mich ebenso viele Dummköpfe sehen, als ich Dummköpfe sehe, so lächeln viele Dummköpfe, wenn ich über die Straße gehe. Sie bleiben stehen, rufen meinen Namen, zeigen auf mich, damit ich nicht nur sie bemerke, sondern auch wisse, wie ich heiße, und daß ich es bin. Ich kann mich dagegen nicht schützen, weil dieser Vorgang sich in einem Staate abspielt, der der Meinung ist, daß nur die Ehre beleidigt werden könne, und der einen Dummkopf ungestraft läßt, aber mich straft, wenn ich ihn Dummkopf nenne, damit er wisse, wie er heißt und daß er es ist. [A 370]

Der Geist enttäuscht im persönlichen Verkehr, aber die Dummheit ist immer produktiv. Läßt man sie auf den Geist einwirken, so kann sie eine vollständige Ermüdung erzeugen, während dieser auf die Dummheit keinerlei belebenden Einfluß hat. Wie man im Gespräch mit einem Schwachkopf körperlich verfällt, wie die Gesichtsfarbe fahl und die Haut schlaff wird, das sollte ein medizinisches Problem sein. Man hat vielleicht um ein Pfund abgenommen, und das ist, wie jede forcierte Abmagerungskur, bedenklich. [A 62]

Wenn ich doch einmal nur einem bescheidenen Dummkopf begegnete, der meine Sprache nicht versteht und darum an seinem Gehör zweifelt! [A 294]

*Produktion*

Die Fülle meines Werks ist ungemein:
mir fällt zu jedem Dummkopf etwas ein.

[F 697-705, 61]

Ein Schein von Tiefe entsteht oft dadurch, daß ein Flachkopf zugleich ein Wirrkopf ist. [A 268]

Wäre Wissen eine Angelegenheit des Geistes, wie wär's möglich, daß es durch so viele Hohlräume geht, um, ohne eine Spur seines Aufenthaltes zurückzulassen, in so viele andere Hohlräume überzugehen? [A 227]

Leute, die über den Wissensdurst getrunken haben, sind eine gesellschaftliche Plage. [A 228]

Vielwisser dürften in dem Glauben leben, daß es bei der Tischlerarbeit auf die Gewinnung von Hobelspänen ankommt. [A 228]

Der Vielwisser ist oft müde von dem vielen, was er wieder nicht zu denken hatte. [A 359]

*Einem Polyhistor*

Zu wenig Verstand muß unterm Fluch
des vielen Wissens wanken.
Ich sehe dich stets mit einem Buch
Und nie mit einem Gedanken.

[F 472/473, 24]

Ich hatte eine schreckliche Vision: Ich sah ein Konversationslexikon auf einen Polyhistor zugehen und ihn aufschlagen. [A 153]

Das Wort Polyhistor muß man schon sehr deutlich schreiben, damit der Setzer nicht Philister setzt. Ist dies aber einmal geschehen, so lasse man es auf sich beruhen, denn es ist noch immer die mildere Fassung. Einmal las man von einem, er sei ein bekannter Philister. Das glaubte man gern, und hielt dann die Berichtigung für einen Druckfehler. [A 359]

Ja, gibt es denn keinen Schutz gegen den Druckfehler, der, sooft von einer stupiden Belesenheit gesprochen werden soll, eine stupende daraus macht? [A 86]

Die Persönlichkeit hat ein Recht zu irren. Der Philister kann irrtümlich recht haben. [A 169]

Allerorten entflieht man dem Druck des Philisteriums. Ich kannte eine, die heimlich vom Theater durchgegangen ist, um nach Hause zu kommen. [A 270]

Ich weiß nicht, ob der Philister ein Vakuum im Weltenraume vorstellt oder ob er nur die Wand ist, die von dem Geist durch eine Toricellische Leere getrennt bleibt. Aber ob Minus oder Schranke, er muß gegen die Kunst prinzipiell feindselig reagieren. Denn sie gibt ihm ein Bewußtsein, ohne ihm ein Sein zu geben, und sie treibt ihn in die Verzweiflung eines cogito ergo non sum. Sie würde ihn zum Selbstmord treiben, wenn sie nicht die Grausamkeit hätte, ihn bei lebendigem Leibe zum Beweise seiner Nichtexistenz zu zwingen. Ob ein Bild gemalt oder ein Witz gemacht wird, der Philister führt einen Kampf ums Dasein, indem er die Augen schließt oder sich die Ohren zuhält. [A 289]

Der Philister möchte immer, daß ihm die Zeit vergeht. Dem Künstler besteht sie. [A 94]

Die Kunst ist dem Philister der Aufputz für des Tages Müh' und Plage. Er schnappt nach den Ornamenten, wie der Hund nach der Wurst. [A 69]

Der Philister, der nicht imstande ist, sich eine Gemütserhebung selbst zu besorgen, und muß unaufhörlich an die Schönheit des Lebens erinnert werden. Selbst zur Liebe bedarf er einer Gebrauchsanweisung. Erst wenn ihm eine Chansonettensängerin versichert hat, daß ach die Liebe, ja die Liebe so schön sei, nur müsse man »den Zauber auch verstehn«, erst dann glaubt ers. Und sein Ehrgeiz ist geweckt; denn »wer die Liebe zu genießen nicht versteht, der laß' es lieber gehn, der ist ganz einfach blöd«. Er hat die Wahl, für blöd zu gelten oder die Liebe zu genießen, und zieht natürlich das zweite vor. In Liebe und Leben muß er vor eine fertige Sache gestellt werden, sonst sieht er die Schönheit nicht. Er geht etwa über einen Platz, auf dem Gemüsefrauen ihren Stand haben. Er vermißt etwas. Seitdem sich aber zwischen den Gemüsefrauen ein bronzener Feldmarschall erhebt, ist die Sache in Ordnung. Die Lebensgüter müssen ihm vor die Nase gehalten werden. Eine Chansonettensängerin erklärt ihm die Liebe, ein Denkmal mahnt ihn an noch höhere Interessen, und in keiner Lage vermag er des Anschauungsunterrichts zu entraten. [F 266, 6]

Witzblätter sind ein Beweis, daß der Philister humorlos ist. Sie gehören zum Ernst des Lebens, wie der Trank zur Speise. »Geben Sie mir sämtliche Witzblätter!« befiehlt ein sorgenschwerer Dummkopf dem Kellner, und plagt sich, daß ein Lächeln auf seinem Antlitz erscheine. Aus allen Winkeln des täglichen Lebens muß ihm der Humor zuströmen, den er nicht hat, und er würde selbst die Zündholzschachtel verschmähen, die nicht einen Witz auf ihrem Deckblatt führte. Ich las auf einem solchen: »Handwerksbursche (der sich eine zufällig in ein Gedicht eingewickelte Wurst gekauft hat): Sehr gut! Nun ess' ich erst die Wurst für die körperliche und dann les' ich das Gedicht für die geistige Nahrung!« Dergleichen freut den Philister, und er empfindet die Methode des Handwerksburschen nicht einmal als eine Anspielung. [A 77]

Man soll nicht mehr lernen, als man unbedingt gegen das Leben braucht. [A 228]

Fürs Leben gern wüßt' ich: was fangen die vielen Leute nur mit dem erweiterten Horizont an? [A 221]

Die geistige Anregung des Kindes besorgt die Amme mit ihrem »guck guck – da da«. Erwachsenen zeigt man etwas aus Kunst und Wissenschaft, damit sie nicht schreien. Kinder singt man mit »Weißt du, wieviel Sterne stehen« in den Schlaf. Erwachsene beruhigen sich erst, wenn sie auch die Namen wissen und die Entfernung der Kassiopeia von der Erde, sowie daß diese nach der Gemahlin des äthiopischen Königs Kepheus und Mutter der Andromeda benannt ist. [A 228]

Ob Goethe oder Schiller bei den Deutschen populärer sei, ist ein alter Streit. Und doch hat Schiller mit dem Wort »Franz heißt die Kanaille« nicht entfernt jene tiefgreifende Wirkung geübt, die dem Satz, den Goethes Götz dem Hauptmann zurufen läßt, dank seiner allgemeinen Fassung beschieden war. Da seit Jahrzehnten kaum ein Gerichtstag vergeht, ohne daß der Bericht von dem Angeklagten zu sagen wüßte, er habe an den Kläger »die bekannte Aufforderung aus Goethes Götz gerichtet«, so ist es klar, daß Goethes Nachruhm bei den Deutschen fester gegründet ist. Wie das Volk seine Geister ehrt, geht aber nicht allein daraus hervor, daß es in Goethes Werken sofort die Stelle entdeckt hat, die der deutschen Zunge am schmackhaftesten dünkt, sondern daß heute keiner mehr so ungebildet ist, die Redensart zu gebrauchen, ohne sich dabei auf Goethe zu berufen. [A 86]

Wenn einer für universell gebildet gilt, hat er vielleicht noch eine große Chance im Leben: daß er es am Ende doch nicht ist. [A 85]

In der deutschen Bildung nimmt den ersten Platz die Bescheidwissenschaft ein. [A 392]

Die Deutschen sitzen an der Tafel einer Kultur, bei der Prahlhans Küchenmeister ist. [A 87]

Je größer das Assoziationsmaterial, desto geringer die Assoziationsfähigkeit. Mehr als das Gymnasium von jenem zuführt, braucht man nicht. Wer etwa das Wort »es wandelt niemand ungestraft unter Palmen« im »Nathan« sucht, hats weiter gebracht, als der es in den »Wahlverwandtschaften« richtig findet. [A 227]

In einen hohlen Kopf geht viel Wissen. Der Wert der Bildung offenbart sich am deutlichsten, wenn die Gebildeten zu einem Problem, das außerhalb ihrer Bildungsdomäne liegt, das Wort ergreifen. Sie haben es nicht, also müssen sie es ergreifen. [F 269, 1]

Männer der Wissenschaft! Man sagt ihr viele nach, aber die meisten mit Unrecht. [A 86]

Wer Gehirngymnastik treiben will, versuche das Gespräch einer Tafelrunde, dessen Entfernung von dem ursprünglichen Thema ihm an einem Punkte ein- und auffällt, so schnell wie möglich zu rekonstruieren. Er blättere in diesem Konversationslexikon, und er wird einen Zickzackweg übersehen, an dessen Anfang und Ende Gegenstände sind, die einen an die drollige Beziehungslosigkeit der Aufschriften erinnern mögen: Von Gotik bis Heizanlage und von Newton bis Pazifik. [A 152]

Der Spiritismus ist die Metaphysik der Tischgesellschaft. Es ist begreiflich, daß erst ein Stammtisch gerüttelt werden muß, wenn der Geist sich einstellen soll. Die Entlarvung eines Mediums ist eine Abwechslung für solche, denen sonst höchstens die Entlarvung eines Kiebitzes gelang. Der Spiritismus ist der Wahn der Dickhäuter. Nur Menschen, denen die Vergeistigung der Materie so fernliegt wie dem Elefanten das Seiltanzen, werden mit der Zeit dem Drang verfallen, die Geister zu materialisieren. [A 78]

Daß Bäcker und Lehrer streiken, hat einen Sinn. Aber die Aufnahme der leiblichen und geistigen Nahrung verweigern, ist grotesk. Wenn es nicht etwa deshalb geschieht, weil man sie für verfälscht hält. Die lächerlichste Sache von der Welt ist ein Bildungshungerstreik. Ich stimme schon für die Sperrung der Universitäten; aber sie darf nicht durch einen Streik herbeigeführt werden. Sie soll freiwillig gewährt, nicht ertrotzt sein. [A 78 f.]

Bildung ist eine Krücke, mit der der Lahme den Gesunden schlägt, um zu zeigen, daß er auch bei Kräften sei. [A 360]

Ich kannte einen, der die Bildung in der Westentasche hatte, weil dort mehr Platz war als im Kopf. [A 359]

Im Sagenkreis des Deutschtums wird dereinst ein großes Durcheinander entstehen zwischen Kyffhäuser und Kaufhäuser. [A 392]

Die deutsche Bildung sollte nicht geleugnet werden. Nur muß man auch wissen, daß sie kein Inhalt ist, sondern ein Schmückedeinheim. [A 375]

Die Bildung hängt an seinem Leib wie ein Kleid an einer Modellpuppe. Bestenfalls sind solche Gelehrte Probiermamsellen der Fortschrittsmode. [A 86]

Nahrung ist eindrucksfähiger als Bildung, ein Magen bildsamer als ein Kopf. [A 227]

Bildung ist das, was die meisten empfangen, viele weitergeben und wenige haben. [A 227]

Was die Lehrer verdauen, das essen die Schüler. [A 227]

Wenn Lieben nur zum Zeugen dient, dient Lernen nur zum Lehren. Das ist die zweifache teleologische Rechtfertigung für das Dasein der Professoren. [A 221]

Eine umfassende Bildung ist eine gut dotierte Apotheke; aber es besteht keine Sicherheit, daß nicht für Schnupfen Zyankali gereicht wird. [A 85]

Daß Bildung der Inbegriff dessen sei, was man vergessen hat, ist eine gute Erkenntnis. Darüber hinaus ist Bildung eine Krankheit und eine Last für die Umgebung des Gebildeten. Eine Gymnasialreform, die auf die Abschaffung der toten Sprachen mit der Begründung hinarbeitet, man brauche sie eben nicht fürs Leben, ist lächerlich. Erst wenn man sie fürs Leben brauchte, müßte man sie abschaffen. Sie helfen freilich nicht dazu, daß man sich einst in Rom oder Athen durch die Sehenswürdigkeiten durchfrage. Aber sie pflanzen in uns die Fähigkeit, uns diese vorzustellen. Die Schule dient nicht der Anhäufung praktischen Wissens. Aber Mathematik reinigt die Gehirnbahnen, und selbst wenn man Jahreszahlen büffeln muß, die man nach dem Austritt sogleich vergißt, so tut man nichts Unnützes. Verfehlt ist nur der Unterricht in der deutschen Sprache. Aber dafür lernt man sie durch das Lateinische, das noch diesen besonderen Wert hat. Wer gute deutsche Aufsätze macht, wird ein deutscher Kommis. Wer schlechte macht und dafür im Lateinischen besteht, wird vielleicht ein deutscher Schriftsteller. Was die Schule zu tun vermag, ist, daß sie jenen Dunst von den lebendigen Dingen schafft, dem sich eine Individualität entschält. Weiß einer noch nach Jahren, aus welchem klassischen Drama und aus welchem Akt ein Zitat stammt, so hat die Schule ihren Zweck verfehlt. Aber fühlt er, wo es stehen könnte, so ist er wahrhaft gebildet und die Schule hat ihren Zweck vollkommen erreicht. [A 84]

## Einen Brief absenden heißt in Österreich einen Brief aufgeben. [A 366]

Ich setze meine Feder an den österreichischen Leichnam, weil ich immer noch glaube, daß er Leben atmet. [A 137]

Der Österreicher läßt sich aus jeder Verfassung bringen, nur nicht aus der Gemütsverfassung. [A 414]

Die österreichische Überzeugung, daß dir nix g'schehn kann, geht bis zu der Entschlossenheit eines Mannes, der auf Unfall versichert ist und sich deshalb ein Bein bricht. [A 365]

Das Reich ist im Stil seiner Häuser gebaut: unbewohnbar, aber schön. Man hat für Loggien gesorgt, aber man kann mit Stolz sagen, daß man die Aborte vergessen hat. Wie haben es fein: bei uns stinkts in der Loggia. [A 258]

Das österreichische Leben hat eine Entschädigung: Die schöne Leich. [A 258]

Österreich hat durch seine politischen Blamagen erreicht, daß man in der großen Welt auf Österreich aufmerksam wurde und es endlich einmal nicht mehr mit Australien verwechselt. [A 365]

In Österreich lebt sichs wie in der Verwandtschaft. Sie glauben nicht an das Talent, mit dem sie aufgewachsen sind. Im Österreicher ist ein unzerstörbarer Hang, den für klein zu halten, den man noch gekannt hat, wie er so klein war. Was kann an einem dran sein, den ich persönlich kenne? denkt der Österreicher. Er hätte recht, wenn er nicht eins übersähe, das freilich so gering ist, daß es sich leicht übersehen läßt: den geringen Gebrauch, den der Andere von der Bekanntschaft macht. [A 201]

Made in Austria – aha, von altem Käse ist die Rede. Österreich ist »gut durch«. Aber bald werden die Kellner bedauern, nicht mehr dienen zu können. [A 365]

Es ist nicht gut, daß in einem schlechten Staat eine Industrie verstaatlicht wird. Denn erstens ist dann die Ware schlechter, zweitens wird man schlechter bedient und drittens begeht man dadurch, daß man dem Lieferanten die Ware an den Schädel wirft, eine Amtsehrenbeleidigung. [A 367]

Ich kenne eine Bureaukratie, die auf Eingebungen weniger hält als auf Eingaben. [A 137]

Die Mission der Ämter ist es, die Erhebungen zu pflegen, die eben dadurch zu entstehen pflegen. [A 367]

Eine merkwürdige Art Mensch ist der Beamte eines magistratischen Bezirksamtes. Erledige ich eine Angelegenheit schriftlich, so lädt er mich vor. Gehe ich das andere Mal gleich selbst hin, so fordert er mich auf, eine Eingabe zu machen. Ich muß rein auf die Vermutung kommen, daß er das eine Mal mich kennen lernen und das andere Mal ein Autogramm von mir haben wollte. [A 63]

Ich schlafe nie nachmittags. Außer, wenn ich vormittags in einem österreichischen Amt zu tun hatte. [A 63]

Was ist das Kraftbewußtsein eines Nero, was ist der Vernichtungsdrang eines Tschingiskhan, was ist die Machtvollkommenheit des Jüngsten Gerichtes gegen das Hochgefühl eines Konzipisten der konskriptionsämtlichen Abteilung des magistratischen Bezirksamtes, der einen wegen Nichtfolgeleistung einer Vorladung zur Anmeldung behufs Veranlagung zur Bemessung der Militärtaxe zu einer Geldstrafe von zwei Kronen verurteilt! [A 153]

*Unsere Post*

Das ist nun hierzuland der Brauch:
die Post ist findig, doch verliert sie auch.
Du beklagst den Verlust von einem Brief?
Du wußtest doch selber, es geht schief!
Was immer dir widerfährt durch die Post,
ein jeder Verlust hat in sich schon den Trost.
Du gabst einen Brief auf die Post – nun eben:
da hattest du ihn doch aufgegeben.

[F 472/473, 13]

Österreichische Grenze: es wird gemütlich, man muß sich die Tasche zuhalten.

Italienische Grenze: es wird romantisch, man muß sich auch die Nase zuhalten.

Deutsche Grenze: es wird sicher, man kann sich auf Abenteuer einlassen. [A 275]

Preußen: Freizügigkeit mit Maulkorb. Österreich: Isolierzelle, in der man schreien darf. [A 137]

In Deutschland bilden zwei einen Verein. Stirbt der eine, so erhebt sich der andere zum Zeichen der Trauer von seinem Platze. [A 137]

Die Zeitung in Deutschland ist immerhin eine Bedürfnisanstalt. Hier suchen sie durch Goldfische von dem eigentlichen Sinn der Verrichtung abzulenken. [A 367]

Daß der Österreicher gesessen ist, während der Deutsche auch in diesem Zustand nicht müßig war, sondern gesessen hat, bezeichnet den ganzen Unterschied der Temperamente. Jener kennt höchstens eine Bewegung, nämlich die vom Ruhepunkt zurück führt. Er gibt nicht zu, daß ihm der Zopf hinten hängt, sondern »rückwärts«. Er spricht auf der Straßenbahn eigens von einem »rückwärtigen« Wagen statt von einem hintern; weil er eben gebildet ist und sich für verpflichtet hält, selbst auf die ihm geläufigste Ideenverbindung zu verzichten. [A 197]

In deutschen Ländern ist der Sinn für das Ornamentale so sehr entwickelt, daß kein Käse ohne Salathülle auf den Tisch kommt. Der Salat, mit dem die Deutschen sich selbst servieren, ist ein Orden. Hier aber gibt es Menschen, die ganz und gar eine Salatexistenz führen. Der Salat zum Selbstzweck erhoben ist zum Beispiel ein Stationsvorstand, der von Hoheiten angesprochen wird. Er sieht schön aus, wird zu jedem Schnellzug serviert, findet aber keine praktische Verwendung. Der Vorstand der nächsten

Station, der das ganze Jahr zu keiner Hoheit kommt, muß für Betriebszwecke herhalten. Das ist aber ein Ausnahmsfall, in der Regel sind die Beamten Sehenswürdigkeiten, und zu ihrer Instandhaltung wird an den ästhetischen Sinn der Bevölkerung appelliert. Ein besonderer Schmuck unserer Stadt ist neuestens ein Polizeirat, der im Gerichtssaal weint, weil böse Menschen ihn einer geschlechtlichen Beziehung verdächtigt haben. Ähnlich geht es in anderen Lebensverhältnissen zu, das Stigma des Malerischen, vor dem ich gewarnt habe, ist hier Ehrenzeichen und Bürgschaft einer Karriere, und überall verschwinden die Nutzmenschen hinter den Salatmenschen. Die Leute, die uns bedienen, sie sind Sehenswürdigkeiten. Der Kutscher ist eine Individualität, und ich komme nicht vorwärts. Der Kellner hat Rasse und läßt mich deshalb auf das Essen warten. Der Kohlenmann singt vergnügt auf seinem Wagen, und ich friere. Aber wir dürfen nicht murren. Denn die Menschheit ist frei, sie hat sich das allgemeine Qualrecht erobert. [F 266, 9]

Die Grundlage alles sozialen Lebens bildet hierzulande die Voraussetzung, daß der Mensch nicht nachdenkt. Man muß froh sein, daß wenigstens das Recht auf Körperlichkeit, das ein ungeregelter Straßenverkehr in jeder Stunde gefährdet, theoretisch anerkannt wird. Eine glatte Abwicklung der äußeren Lebensnotwendigkeiten würde es einem ermöglichen, zu sich selbst zu kommen. In einer Stadt, in der die Menschen noch nicht einmal das Gehen erlernt haben und die Kutscher vor jedem Passanten »Hoh!« und »Höh!« brüllen müssen, in der jeder Fußgänger über jedes Fuhrwerk staunt und jedes Fuhrwerk über jeden Fußgänger, muß man froh sein, mit heilen Gliedmaßen nachhause zu kommen. Im Gewühl der Berliner Friedrichstraße kann ich besser denken als in den bekannten stillen Gassen der Wiener Vorstadt, die jene Literaten lieben, die aus keiner Patrizierfamilie stammen. Wenn die Mühle Lärm macht, kann der Müller schlafen. [F 237, 2]

Was Berlin von Wien auf den ersten Blick unterscheidet, ist die Beobachtung, daß man dort eine täuschende Wirkung mit dem wertlosesten Material erzielt, während hier zum Kitsch nur echtes verwendet wird. [A 263]

Mir wern kan Richter brauchen, um zu entscheiden, daß Wien schöner ist als Berlin. Aber das ist ja gerade das Unglück. [A 147]

In Berlin wächst kein Gras. In Wien verdorrt es. [A 149]

In Berlin geht man auf Papiermaché, in Wien beißt man auf Granit. [A 149]

In Berlin gehen so viele Leute, daß man keinen trifft. In Wien trifft man so viele Leute, daß keiner geht. [A 197]

Wien: Der Aristokrat ißt Austern, das Volk schaut zu. Berlin: Das Volk schaut nicht zu, wenn der Aristokrat Austern ißt. Aber für alle Fälle, damit dem Aristokraten jede Belästigung erspart und das Volk abgelenkt sei, ißt es auch Austern. Das ist die Demokratie, die ich mitmache. [A 199]

Ich habe schon gesagt, daß das Berliner Volk die Austern selbst ißt, die das Wiener Volk essen zusehen will, und daß dies der Grund ist, warum man dort ungestört Austern essen kann und das Aufsehen sich infolgedessen mehr den geistigen Vorzügen zuwendet. Ich wollte damit nicht sagen, daß Volk nicht Volk sei und daß es nicht überhaupt den Hang habe, Austern essen zu sehen. Aber da die Nordsee für Ablenkung gesorgt hat, sind Verkehrsstörungen in Berlin aus solchen Ursachen glatt unmöglich. Ich glaube, daß es der ganze Unterschied ist und daß diese Erkenntnis die Herren der Mühe entheben müßte, sich weitere kulturästhetische Gedanken zu machen.

[A 259 f.]

Jeder Wiener ist eine Sehenswürdigkeit, jeder Berliner ein Verkehrsmittel. [A 145]

Jeder Wiener steht allein im Weltenraum und bietet sich der Betrachtung. In Berlin ist bloß der Reinhardt eine Individualität und jeder Berliner sein Komparse. Und wenn ich zehn Jahre in Berlin lebte, ich würde an die Wimpern eines Passanten nicht klimpern können, während man in Wien am ersten Tag auf ihnen Klavier spielen kann.

[A 366]

Gegen das Buch gegen Berlin: Ein Kulturmensch wird lieber in einer Stadt leben, in der keine Individualitäten sind, als in einer Stadt, in der jeder Trottel eine Individualität ist. [A 260]

O über die gemeine Geschäftsmäßigkeit der Berliner Prostitution! Der Wiener ist gewöhnt, für zwei Gulden seelische Hingabe und das Gefühl des Alleinbesitzes zu verlangen. [A 138]

Wahrlich, ich sage euch, eher wird sich Berlin an die Tradition gewöhnen als Wien an die Maschine. [A 263]

Wir Menschen sind immer mehr auf die Maschine angewiesen, und in Wien funktioniert nicht einmal die Maschine. Alles steht, nichts geht. Wird ein neues Restaurant eröffnet, so ist's, als ob es sich um die Erschaffung des ersten Restaurants handelte. Alles steht erwartungsvoll. Aber das Restaurant geht nicht. Nichts geht hier und niemand. Ich habe noch nie einen Berliner stehen sehen. Sonst würde es sich wohl herausstellen, daß sein Materialwert geringer ist als der des Wieners. Dieser aber darf nicht gehen; sonst fiele er um. Alles steht und wartet: Kellner, Fiaker, Regierungen. Alles wartet auf das Ende – wünsch einen schönen Weltuntergang, Euer Gnaden! – und verlangt dafür noch Trinkgeld. Der Ruf unseres Lebens: Wir können warten. Wenn ein Minister fällt, wir können warten. Wenn ein Roß fällt, wir können warten. Wir stehen und sehen aufs Dach, weil ein anderer hinaufsieht. Der Kaffeesieder stellt sich vor unsern Tisch, der Restaurateur, der Direktor, der Geschäftsführer stehen uns mit Grüßen zu Diensten. Eine Hofequipage staut den Verkehr. Wir können aufwarten. Der Berliner geht. Der Wiener steht in allen Lagen. Er geht nicht einmal unter. Ein Kutscher muß die Schreie eines homerischen Helden ausstoßen, um einen Passanten zu warnen, und man merkt, daß die Leute, wenn sie doch einmal gehen müssen, es nicht gelernt haben. Aber wie gesagt, stehen können sie vorzüglich. Gehen – nur mit der Burgmusik und hinter einem Erzherzog. Wien hat lauter »Wahrzeichen« und jeder Wiener fühlt sich als solches; der jüngste Steffel sieht sich gern »stehn«. Das könnte sehr schön sein, sehr stolz, eigenberechtigt. Wenn nämlich ein Goethe stünde. Wenn aber ein Trottel den Weg verstellt, kommt ein Goethe nicht vorwärts. [A 144]

Es ist ganz ausgeschlossen, daß, wie die Dinge heute liegen, ein wiederkehrender Goethe nicht wegen unerlaubter Reversion ausgewiesen würde. [A 140]

Nichts da, ich bin kein Raunzer: mein Haß gegen diese Stadt ist nicht verirrte Liebe, sondern ich habe eine völlig neue Art gefunden, sie unerträglich zu finden. [A 257]

Vorschläge, um mich dieser Stadt wieder zu gewinnen: Änderung des Dialekts und Verbot der Fortpflanzung. [A 209]

Eine Stadt, in der die Männer von der Jungfrau, die es nicht mehr ist, den Ausdruck gebrauchen, sie habe »es hergegeben«, verdient dem Erdboden gleichgemacht zu werden. [A 138]

Blind durch den Kosmos verschlagen, wüßte ich doch sogleich, wo ich stehe, wenn man mir die Aufschrift entgegenhielte: Dreißigjähriges Jubiläum des Hühneraugenoperateurs im Dianabad. [A 201]

Der Mensch wendet gegen den Hund ein, daß er Dreck sucht. Was noch mehr gegen ihn spricht, ist, daß er den Menschen sucht. Immerhin beweist er seine Höherwertigkeit dadurch, daß er nicht zum »Dreimäderlhaus« läuft. [A 365]

»Der Wiener geht nicht unter.« Hoffnung oder Drohung? Vielleicht nur eine Höflichkeit, für »Unkraut verdirbt nicht«. [A 367]

Wann wird diese arg verkannte Stadt das Lob endlich verdienen, das sie erntet? Sie hat sich nie zu einem flotten Müßiggang aufgerafft. Sie müßte mit der Unsitte brechen, daß ihre Leute den ganzen lieben Tag spazieren stehen. [A 196]

Das Wiener Leben ist nach dem schlechten Witzblatt gezeichnet. Das Merkmal beider: die Unbeweglichkeit der Figuren. [A 263]

Der Wiener Volkscharakter hat zwei Triebfedern des Stillstandes, die, scheinbar einander entgegenstrebend, schließlich doch eine Einheit ergeben: Der Schiebidenneteean-Wille paart sich mit der Stehteenettafür-Skepsis und es entspringt die Lekmimoasch-Absage. [A 366]

Was unbedingt in den Wahnsinn treibt, ist der Prospekt einer Stadt, in der jeder Statist zur Vordergrundfigur wird. Hier kann man durch eine Straße kommen, in der einem ein Straßenkehrer den Weg versperrt, und man hat Zeit, seine Züge zu betrachten, bis er den Besen fortgezogen hat. Nichts ist in dieser Straße als der Straßenkehrer, und er wächst riesengroß und steht vor dem Leben. Oder es kann auch ein Platzagent sein. Man sieht ihn täglich, man macht seine Entwicklung mit, man sagt sich: der wird auch schon grau. Ist es nicht tragisch, daß man in dieser Wartezeit bis zum Tod der Banalität noch zusehen muß, wie sie lebt? Hier hat die Komparserie den Dialog übernommen. Kaviarköpfe bekommen ein Antlitz, sind unterscheidbar und drohen den Esser zu verschlingen. Ganz unperspektivisch ist das Leben dieser Stadt gezeichnet, und ihre Figuren sind wie die eines schlechten Witzblattes. Sie stehen, wo sie gehen sollten. Sie gehen, um ihre Stiefel zu zeigen. Die Pferde hängen mit gestreckten Vorderbeinen in der Luft. Einer erzählt lachend einen Witz und wird das Maul nie mehr zumachen. Ein Blumenweib steht zwischen der Unterhaltung. Ein Kutscher weist auf sein Gefährt und hofft durch die Versicherung, daß er einen Fiaker habe, den Passanten schließlich dazuzubringen, sich selbst davon zu überzeugen. Der junge Pollak ist heute schlecht rasiert. [A 197 f.]

Der Wiener erkannte, daß der Wagentürlaufmacher zwecklos sei. Da erfand er Klinken, mit denen man nicht öffnen kann. [A 199]

Die Vergangenheit reicht in die Gegenwart hinein, und daraus erklärt sich die Wiener Unpünktlichkeit. Bahnzeit ist hier einige Minuten hinter der Stadtzeit zurück, aber Stadtzeit einige Jahrzehnte hinter der europäischen Zeit. In der Vergangenheit sind wir den andern Völkern weit voraus. [F 266, 8]

Der Omnibusverkehr soll in Wien eingestellt werden? Man wird also nicht mehr so lange warten müssen und schneller vorwärts kommen. [F 237, 14]

Das ungemütliche Leben wird gemütlich, wenn es in einen neuen Betrieb gespannt wird; denn die technische Entwicklung dient der Vereinfachung des Lebens und also der Gemütlichkeit. Nur dort, wo es schon gemütlich war, muß das Leben durch die Maschine ungemütlich werden. Darum ist es sinnlos, in einer Stadt Telephonverbindungen zu suchen, in der eh die Dienstmänner da sind, oder ein Automobil zu besteigen, das erst gschmiert werden muß oder dessen Chauffeur jaust oder gar bstöllt ist. Töricht aber ist es, der Gemütlichkeit einen Vorwurf zu machen. Die Maschine hat den Pallawatsch verschuldet. [A 263 f.]

Ich verlange von einer Stadt, in der ich leben soll: Asphalt, Straßenspülung, Haustorschlüssel, Luftheizung, Warmwasserleitung. Gemütlich bin ich selbst. [A 209]

Die Straßen Wiens sind mit Kultur gepflastert. Die Straßen anderer Städte mit Asphalt. [A 146]

In Wien, grünenden Lebens voll, welken die Automaten. [A 429]

Man liest manchmal, daß eine Stadt soundsoviel hunderttausend »Seelen« hat, aber es klingt übertrieben. Aus demselben Grunde müßte auch mit dem System der Volkszählung nach »Köpfen« endlich gebrochen werden. Man wäre aber gegen die Statistik der Millionenziffern nicht mehr mißtrauisch, wenn ein anderer Körperteil als Einheit bei der Volkszählung verwendet würde. Niemand könnte mehr sagen, daß eine solche Schätzung – zum Beispiel bei einer Großstadt wie Wien – übertrieben sei. Die Aufnahme und Abgabe der Nahrung sind fraglos die wichtigsten Interessen, die das geistige Leben einer Bevölkerung bestimmen können. Traurig ist nur, daß sie selbst das, was ihr das Wichtigste ist, so schlecht beherrscht. Die Kultur dieser Lebensbetätigung schreitet durchaus nicht vorwärts, und wenn es auch ein Vorzug ist, ein starker Esser zu sein, so ist es doch keiner, ein lauter Esser zu sein und sich so zu gebärden, daß man die Geräusche der Behaglichkeit bis ins Ausland hört. [A 138 f.]

Der Mangel an Individualitäten, die uns vorwärtsbringen, erklärt sich am Ende daraus, daß hier so viele Kutscher Individualitäten sind. [A 147]

Jetzt hab ich den Unterschied: In andern Städten muß man im Wagen sitzen, um ans Ziel zu gelangen. In Wien hat man das Ziel, im Wagen zu sitzen. Es kommt aber auch nicht einmal darauf an, zu fahren, sondern vielmehr zu zeigen, daß man ein Herz fürs Lohnfuhrwerk hat. [A 201]

Die Sicherheit in Wien ist schon Garantie: der Kutscher überfährt den Passanten nicht, weil er ihn persönlich kennt. [A 366]

Wiewohl der Kutscher den Passanten persönlich kennt, kann doch etwas passieren. Man darf nicht außer acht lassen, daß die Freude des Wiedersehens jenen verwirren kann. [A 366]

*Freiheit in Wien*

Wann ist es Matthäi am Letzten?
Der Österreicher hat keinen Vorgesetzten.

[F 551, 16]

»Geh'ns, seins net fad!« sagt der Wiener zu jedem, der sich in seiner Gesellschaft langweilt. [A 201]

Der Wiener wird nie untergehn, sondern im Gegenteil immer hinaufgehn und sich's richten. [A 414]

Stimmung der Wiener: das ewige Stimmen eines Orchesters. [A 138]

In einem Trödelladen kann ich nicht wohnen. Lieber bin ich beim Parvenu zu Gast, der imstande ist, die ganze alte Kultur zu kaufen. [A 257]

Wien hat eine schöne Umgebung, in die Beethoven öfter geflüchtet ist. [A 257]

Die Großstadt soll der Individualität eine Umgebung sein. Aber wehe, wenn sie selbst Individualität hat und eine Umgebung braucht. [A 258]

Eher gewöhnt sich ein Landpferd an ein Automobil, als ein Passant der Ringstraße an mich. Es sind schon viele Unglücksfälle durch Scheuwerden vorgekommen.
[A 201]

Es gibt Leute, die zu grinsen beginnen, wenn sie mir auf der Straße begegnen, als ob ich mir's gewünscht hätte, sie zu treffen, und sie, weil sie schon immer gewußt haben, daß das unangenehm ist, nun ihre ganze Schadenfreude zusammenrafften. Auch rufen sie einander, wenn sie zu zweit gehen, meinen Namen zu, aber auch mir selbst, damit ich mir's merke. Die Zeitverhältnisse bestärken mich in der Vermutung, daß es nicht reisende Engländer, sondern im Gegenteil Angehörige der Zentralstaaten sind oder vollends, da es auch schwer ist, über Bodenbach hereinzukommen, Wiener. [A 368]

Wenn ich manche Leute zurückgrüße, so geschieht es nur, um ihnen ihren Gruß zurückzugeben. [A 370]

Es paßt mir nicht länger, unter einer Bevölkerung zu leben, die es weiß, daß ich vor zehn Jahren ein Gemüse bestellt habe, das nicht eingebrannt war, und die noch dazu das Gemüse nicht nach mir, sondern mich nach dem Gemüse benennt. [A 196]

Natürlich lebe ich immer noch lieber unter dem Betriebspöbel als unter dem Gemütspöbel. [A 367]

In der Kunst schätzen sie hierzulande den Betrieb und im Gasthaus die Persönlichkeit. [A 196]

Die Wiener Küche ist der Einbrennpunkt der Wiener Interessen. [F 237, 5]

Ich glaube nicht, daß der Wiener ein Kenner von Lyrik ist, wenn er behauptet, eine Mehlspeise sei ein Gedicht, das auf der Zunge zergeht. [A 367]

Die Küche: Gemüse und Gehirne mit Mehl zubereitet. [A 138]

An einem Wintersonntag nachmittags in einem Wiener Kaffeehause, eingepfercht zwischen kartenspielenden Vätern, kreischenden Weibern und witzblattlesenden Kindern, kann man von einem solchen Gefühl der Einsamkeit erfaßt werden, daß man sich nach dem wechselvollen Leben sehnt, das um diese Stunde in der Adventbai herrschen mag. [A 142]

Dafür, daß in einem Wiener Restaurant sechs »Speisenträger« mich fragen, ob ich »schon befohlen« habe, und kein einziger gehorcht, dafür, daß sich der Ruf »Zahlen!« echoartig fortpflanzt, ohne erhört zu werden, dafür, daß die Verteilung des Trinkgelds nach Alters-, Verdienst- und Berufskategorie alle anderen Probleme, die mir etwa durch den Kopf gehen könnten, verdrängt, dafür kann die Schönheit des äußeren Burgplatzes nur eine geringe Entschädigung bieten. [A 146]

Das größte Verhängnis des Wiener Lebens ist es, Stammgast zu sein. Man muß sich für Individualitäten interessieren, für die man sich nicht interessieren mag, und wird einer Aufmerksamkeit teilhaftig, die man nicht wünscht. Der einzige Vorteil besteht darin, daß einem bei der Begrüßung sein Name zugerufen wird, den man ja immerhin in diesem Wirrwarr vergessen haben könnte und den sich nun jedenfalls die anderen Stammgäste zuverlässig merken. [A 146]

Die Panik auf einem untergehenden Dampfer, der schon das Notsignal SOS (Rettet unsere Seelen) abgibt, muß ein Kinderspiel sein gegen das Chaos in einem Wiener Restaurant, wenn alles teils essen, teils »zahlen« will, die Mannschaft »nicht mehr dienen« kann, der Kapitän sich händeringend weinenden Familien entwindet, während die Hilferufe »Zahlen!«, von keuchenden Matrosen weitergegeben, verhallend ins Leere, über seinem Kopf zusammenschlagen, zwischen jammernden Kindern, irrenden Müttern der Todesengel, ein unbewegter Grüßer, durch die Reihen geht und im Moment der äußersten Bedrängnis, wo nur noch gurgelnde Laute wie »Hier!« »Bier!« »Wo?« »Do!« hörbar werden, plötzlich der furchtbare Angstruf zum Himmel dringt: »Sosss bittee!«.

[A 367 f.]

Den Ägyptern war der Scarabäus heilig, den Wienern der Zahlkellner. Die unwahrscheinliche Verflossenheit dieser Kultur spricht schon heute in Hieroglyphen. Eine Bilderschrift ergibt etwa den folgenden Sinn: Ein anscheinend den besseren Ständen angehöriger Herr hat während des Essens noch die Geistesgegenwart, dem Zahlkellner einen Witz zu erzählen. Der Zahlkellner schmunzelt befriedigt und revanchiert sich, indem er um den Gast herumgeht, sich über sein Ohr beugt, und ihm eine offenbar gewagte Anekdote einsagt. Das Gesicht des Herrn, auf dem das wachsende Verständnis sich aus nachdenklichen Schatten mählich zu einem strahlenden Ausdruck gesteigert hat, legt sich wieder in Falten: er scheint sich an etwas zu erinnern und beginnt mit vollem Mund sich über die ungenügende Verpflegung in den Schützengräben aufzuhalten ... Der Zahlkellner war im Rang über den Hohepriester gestellt. Er bezog scheinbar nur dafür Einkünfte, daß man ihm Geld gab; in Wahrheit hatte er Rat und Trost in allen Lebenslagen zu spenden. Ihm nahe im öffentlichen Ansehen kamen die Sänger. Hatte der Zahlkellner auf den Geist der Männer einzuwirken, so sprach der Operettentenor mehr zu den Sinnen der Frauen. In allen Schaufenstern, die man auch Auslagen nannte, prangte sein Bild, selbst in Blumenläden tauchte das anheimelnde Gesicht unvermutet wie eine liebe Schnecke zwischen den Boten des Frühlings auf, in der Regel sogar mit der eigenhändigen Unterschrift verziert. Als es Krieg gab, erhöhte die Uniform den Reiz dieser an und für sich schon unwiderstehlichen Figuren, denen man dann noch häufiger auf der Straße begegnete als sonst, weil ihre Unentbehrlichkeit für die Damenwelt ihnen von selbst eine Beschäftigung im Hinterland anwies. Das Wesen jener sagenumwobenen Stadt war es, daß der Liebreiz ihrer Sitten noch das Auspeitschenswerteste mit dem Vorzug der Schmackhaftigkeit begnaden konnte. [A 414 f.]

Ein kleines Vorstadtcafé in der Nähe des Westbahnhotes, das Café Westminster hieß, damit sich die ankommenden Lords sogleich wie zu Hause fühlten, heißt jetzt Café

Westmünster. Das ist ein rührender Beweis für den guten Willen, die Notwendigkeiten der veränderten Zeit zu erfassen, und dürfte späterhin auch eine verdiente Enttäuschung für die auf dem Westbahnhof wieder ankommenden Lords bedeuten. Die wern schaun! [A 416]

In Wien habe ich oft eine allgemeine Befriedigung bemerkt, wenn in einem Lokal ein Engländer sich schlecht benahm. Da wird Spalier gebildet und überall ist Freude. Ganz nüchtern wird der Osten, wenn der Westen besoffen ist. [A 368]

Bei Kriegsausbruch scheint es in Paris zugegangen zu sein, wie in Wien nach Konzertschluß. [A 415]

Es gab Tage in Wien, wo einem eher die Fenster eingeschlagen wurden, wenn man laut sagte, die Franzosen hätten ein Debacle erlitten und wären nun in der Sauce, als wenn man von einer Niederlage der Deutschen gesprochen hätte, die nun in der Tunke wären. [A 416]

Hast du vom Kahlenberg die Stadt dir nur besehn, so wirst du, was ich schrieb und was ich bin, verstehn!
[A 370]

# Nachwort

Karl Kraus wurde am 28. April 1874 in der böhmischen Kleinstadt Jičin geboren und starb am 12. Juni 1936 in Wien. Er stammte, wie viele seiner bedeutenden Zeitgenossen, aus einer wohlhabenden jüdischen Kaufmannsfamilie. Nach bestandener Matura beugte er sich zunächst dem Wunsch des Vaters und begann ein juristisches Studium, wechselte jedoch schon 1894, nach zwei Semestern, an die philosophische Fakultät. Zunächst nur gelegentlich, widmete er sich bald ausschließlich der schriftstellerischen und journalistischen Tätigkeit und etablierte sich erfolgreich mit Theaterkritiken und satirischen Feuilletons, die in angesehenen Tageszeitungen und Zeitschriften wie der »Neuen Freien Presse« und der »Gesellschaft« erschienen. Insbesondere um sich seine journalistische Unabhängigkeit zu bewahren, gründete Kraus, kaum fünfundzwanzigjährig, im April 1899 seine eigene Zeitschrift: *Die Fackel.* Deren programmatischen Anspruch formulierte er mit den Worten: »Das politische Programm dieser Zeitung scheint somit dürftig; kein tönendes ›Was wir bringen‹, aber ein ehrliches ›Was wir umbringen‹ hat sie sich als Leitwort gewählt.« Tatsächlich war vor Kraus' spitzer Feder, seiner scharfsinnigen, häufig aggressiven bis nahezu vernichtenden Kritik von der ersten bis zur letzten Nummer der *Fackel* (1936) nichts und niemand sicher: Die von ihm zutiefst verachtete Phrasenhaftigkeit der schreibenden Zunft, die Korruption in Pressewesen und Beamtenapparat, das Machtstreben, die Verlogenheit und Doppelmoral in Adel und etabliertem Bürgertum und vieles mehr wurden von ihm an den Pranger gestellt und auf sprachlich virtuose Art und Weise entlarvt. Im Kampf gegen die sexuelle Doppelmoral seiner Zeit gebärdete er sich als wortgewaltiger Verfechter der Libertinage und kämpfte, sich u. a. gegen die seines Erachtens kontraproduktiven Rationalisierungstendenzen innerhalb der noch jungen Psychoanalyse wendend, konsequent gegen die Verdrängung alles Geschlechtlichen. Seine zwischen 1906 und dem Ende des Ersten Weltkriegs erscheinenden Aphorismen und späteren Epigramme zu den Themen »Weib«, »Erotik« und »Moral« scheinen ihn allerdings gleichzeitig als eher unkritischen Vertreter eines zentralen Aspekts der Sexualmythologie des Fin de Siècle zu entlarven, die den Gegensatz zwischen sexueller Frau und geistigem Mann zum Prinzip erhob. Der Frau kommt in dieser von zahlreichen männlichen Schriftstellern dieser Zeit vertretenen Position lediglich eine Art von »Hebammendienst« für die intellektuelle Schaffenskraft des Mannes zu, wovon Aphorismen wie »Des Weibes Sinnlichkeit ist der Urquell, an dem sich des Mannes Geistigkeit Erneuerung holt.« oder auch »Ein Liebesverhältnis, das nicht ohne Folgen blieb. Er schenkte der Welt ein Werk.« zeugen. Der im Rahmen der bürgerlichen Doppelmoral um die Jahrhundertwende üblichen Tabuisierung und Verdrängung vornehmlich weiblicher Sexualität setzt Kraus eine Übersexualisierung der Frau entgegen und konterkariert mit dieser Reduktion auf ihre vitale Erlebnisfähigkeit als hervorstechende Eigenschaft gleichzeitig die Bestrebungen der emanzipatorischen Frauenbewegung, die sich vor allem für gleiche Bildungschancen und das Wahlrecht für Frauen einsetzte. Mag diese höchst fragwürdige Haltung selbst vor dem Hintergrund ihrer historischen Bedingtheit heute eher auf Befremden stoßen und bisweilen mehr als den intendierten gattungsgemäßen Widerstand der LeserInnenschaft erzeugen, der weitaus größere Teil der Kraus'schen Aphorismen und Epigramme, in denen sich die Quintessenz seines Denkens niederschlägt, hat jedoch an Aktualität nichts eingebüßt und regt auch heute noch zum genußvollen Nach-, Mit- und Weiterdenken an.

C. M. K.

## Editorische Notiz

Karl Kraus sammelte seine zunächst in der *Fackel* veröffentlichten Aphorismen ab 1909 fast vollständig in den Bänden *Sprüche und Widersprüche* (1909), *Pro domo et mundo* (1912) und *Nachts* (1919). Die hier vorliegende Auswahl aus seinen Sprüchen enthält über die Aphorismen hinaus auch einige seiner später verfaßten Epigramme und zudem pointierte Äußerungen aus seinen Kritiken und Essays. Dabei diente die von Kraus vorgenommene thematische Gliederung in den Aphorismenbänden lediglich als grobe Orientierungshilfe für die Zusammenstellung. Dem Titel des Bandes folgend, stand bei der Auswahl der Sprüche wie auch bei der Wahl ihrer Reihenfolge als maßgebliches Kriterium ihre vorder- bzw. hintergründige »Boshaftigkeit« im Vordergrund.

Die mit dem Buchstaben A gekennzeichneten Sprüche werden zitiert nach dem von Christian Wagenknecht herausgegebenen 8. Band der Schriften von Karl Kraus (*Aphorismen*, Suhrkamp 1986) und sind dort über die jeweils angeführte Seitenzahl auffindbar. Mit dem Buchstaben F sind die Sprüche gekennzeichnet, die direkt aus der *Fackel* entnommen wurden. Sie lassen sich dort über die Nummer der Ausgabe und Seitenzahl finden und im Zusammenhang nachlesen.